# Ex Libris – Exlibris

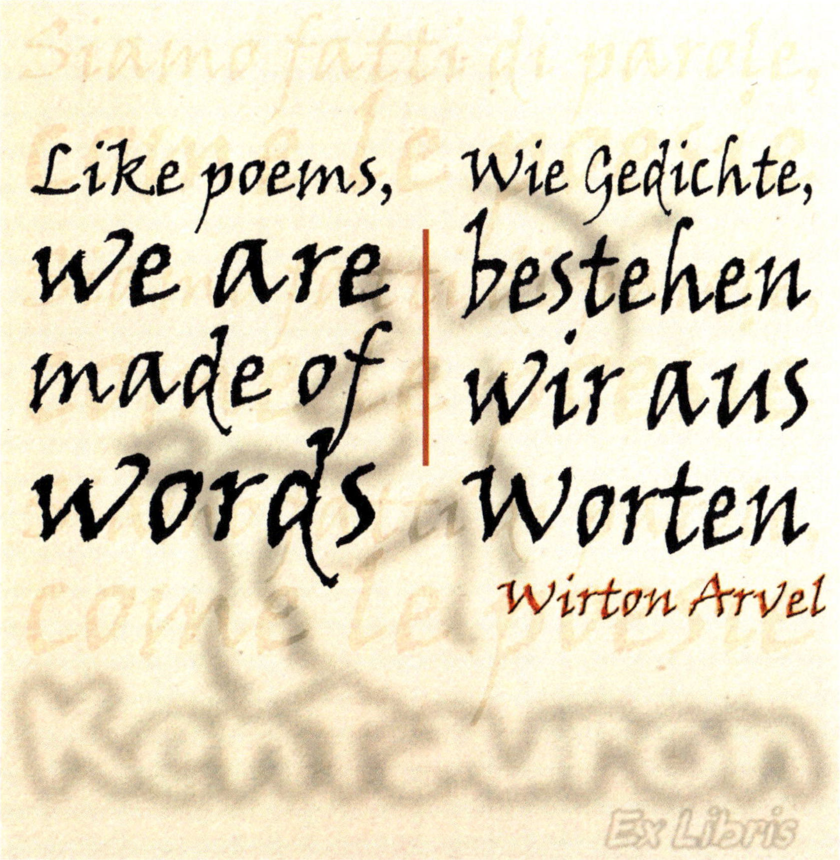
Like poems,
we are
made of
words
Wie Gedichte,
bestehen
wir aus
Worten
Wirton Arvel
Ex Libris

*Now this book belongs to you, but only when you'll read it will it really be yours, and it will belong to you forever*

Dieses Buch gehört nun dir, doch erst mit dem Lesen wird es wahrhaftig dein sein und dir für immer gehören

# The Little Prince
## *Der Kleine Prinz*

Bilingual parallel text - Zweisprachiger paralleler Text:
English-German / Englisch-Deutsch

Antoine de Saint-Exupéry

# Publisher's Notes – Anmerkungen des Verlags

This book/eBook is based on the work of Antoine de Saint-Exupéry "Le Petit Prince".

The text of the tale is complete and unabridged with all original drawings.

Translated by Wirton Arvel and Ferdinand Burkhart.

Editors and proof readers of this edition: Elizabeth Wright, Brunella Pernigotti and Nina Lembke.

Special thanks to Kathy de Hoog.

Ex libris is a quote from a poem of the author (from "Wandering Among the Stars").

\*\*\*

Copyright © 2016 Wirton Arvel
wirtonarvel@kentauron.com

Digital Edition October 2016
First Printed Edition October 2016

ISBN-13: 978-1539414520
ISBN-10: 1539414523

10 9 8 7 6 5 4 3 2 1

# Contents – Inhalt

# Dedication – Widmung

*To Léon Werth*

Children, forgive me for dedicating this book to a grown-up. I have a very good reason for this: this grown-up is my best friend in the whole world. And I have another reason: this grown up can understand anything, even books for children. And I have a third; this grown-up lives in France, where he is cold and hungry. He needs cheering up. And if all these reasons aren't enough, then I'd like to dedicate it to the child this grown-up used to be. All grown-ups started life as children. (But not many of them remember that.) So I correct my dedication:

*To Léon Werth*
*when he was a little boy*

Für Léon Werth

*Ich bitte die Kinder um Vergebung dafür, dieses Buch einer großen Person gewidmet zu haben. Ich habe eine gute Entschuldigung: diese große Person ist der beste Freund, den ich auf der ganzen Welt habe. Ich habe noch eine andere Entschuldigung: diese Person kann alles verstehen, sogar Bücher für Kinder. Ich habe noch eine dritte Entschuldigung: diese große Person lebt in Frankreich, wo sie an Hunger und unter Kälte leidet. Sie braucht Trost. Und wenn all diese Entschuldigungen nicht ausreichen, dann will ich gerne dieses Buch dem Kind widmen, welches diese große Person früher einmal war. Alle großen Leute haben ihr Leben als Kinder begonnen. (Aber nur wenige von ihnen erinnern sich daran.) Ich berichtige also meine Widmung:*

Für Léon Werth

als er ein kleiner Junge war

*Antoine de Saint-Exupéry*

# I

Once when I was six years old I saw a wonderful picture in a book about the ancient forests called True Stories. It was a picture of a boa constrictor swallowing an animal. Here is a copy of the drawing.

*Als ich sechs Jahre alt war, sah ich einmal ein großartiges Bild in einem Buch über den Urwald, das Buch hieß „Wahre Geschichten". Dort war eine Schlange abgebildet, eine Boa, die dabei war, ein Tier zu verschlingen. Hier eine Kopie der Zeichnung.*

It said in the book, 'Boa constrictors swallow their prey whole, without chewing it. Then they can't move anymore, so they go to sleep for the six months they need to digest it'.

*Im Buch hieß es: „Boas verschlingen ihre Beute im Ganzen, ohne zu kauen. Danach können sie sich nicht mehr bewegen und schlafen sechs Monate lang, während sie verdauen."*

Afterwards I couldn't stop thinking about the adventures in the jungle, and in my turn, I too managed to draw my first picture, with a coloured pencil. My drawing Number 1. It looked like this:

*Ich habe damals sehr viel über die Abenteuer im Dschungel nachgedacht und mit einem Buntstift gelang mir meine erste eigene Zeichnung. Meine Zeichnung Nummer 1. Die sah so aus:*

I showed my masterpiece to the grown-ups, and asked them if my drawing frightened them.

They answered, "Why would we be frightened by a hat?"

My drawing was not a picture of a hat. It was a picture of a boa constrictor digesting an elephant. So I drew the inside of the boa constrictor, to make everything clear to the grown-ups. They always need to have things explained to them. My drawing Number 2 came out like this:

*Ich habe mein Meisterwerk den großen Leuten gezeigt und sie gefragt, ob ihnen meine Zeichnung Angst macht.*

*Aber sie haben mir geantwortet: „Warum sollte ein Hut uns Angst machen?"*

*Meine Zeichnung stellte keinen Hut dar. Sie zeigte eine Boa, die einen Elefanten verdaut. Ich habe dann das Innere der Schlange gezeichnet, in der Hoffnung, die großen Leute könnten es so verstehen. Man muss ihnen alles erklären. Meine Zeichnung Nummer 2, sah so aus:*

The grown-ups' advice was to give up my drawings of boa constrictors, seen from the inside and the outside, and concentrate on history, geography, arithmetic and grammar instead. That was how, at the age of six, I came to abandon a magnificent career as a painter. I was discouraged by the lack of success of drawing Number 1 and drawing Number 2. Grown-ups can never understand anything on their own, and it's exhausting for children always to have to be explaining things to them …

So I had to choose a different career and I learnt to fly aeroplanes. I flew pretty much all over the world. And, to be fair, the geography helped a lot. I could tell China from Arizona at first sight.

*Die großen Leute haben mir geraten das Zeichnen von offenen oder geschlossenen Boas aufzugeben und mich lieber mit Geografie, Geschichte, Rechnen und Grammatik zu befassen. So kam es, dass ich im Alter von sechs Jahren eine großartige Malerkarriere aufgab. Ich war durch den Misserfolg meiner Zeichnung Nummer 1 und meiner Zeichnung Nummer 2 entmutigt worden. Die großen Leute verstehen nie von selbst, und es ist ermüdend für die Kinder, ihnen ständig alles erklären zu müssen ...*

*Ich musste also einen anderen Beruf wählen und habe gelernt Flugzeuge zu fliegen. Ich bin fast überall auf der Welt geflogen. Und es stimmt, die Geografie war mir dabei sehr nützlich. Ich konnte auf den ersten Blick China von Arizona*

And this can be useful, if you get lost at night.

Over the course of my life I've had lots of contacts with lots of serious-minded people. I've spent a lot of time living among grown-ups. I've studied them at very close quarters. That hasn't made me think any better of them.

Whenever I met one who seemed at all sensible, I tried out an experiment. I showed them my drawing number 1, which I had always kept. I wanted to know if they had real understanding. But they always said, "It's a hat." So I never talked to them about boa constrictors, or ancient forests, or stars. I went down to their level. I talked to them about bridge, about golf, about politics and ties. And the grown-up would be very happy to have met such a sensible person ...

*unterscheiden. Das ist praktisch, wenn man sich nachts verirrt.*

*Im Laufe meines Lebens habe ich auch einen Haufen ernsthafter Leute kennengelernt. Ich habe lange Zeit bei den großen Leuten gelebt. Ich habe sie aus nächster Nähe studiert. Das hat meine Meinung über sie nicht gerade verbessert.*

*Wenn ich jemanden von den großen Leuten traf, der mir besonders aufgeweckt erschien, so zeigte ich der Person meine Zeichnung Nummer 1, die ich immer behalten hatte. Ich wollte wissen, ob die Person ein gutes Verständnis hatte. Aber immer bekam ich zur Antwort: „Das ist ein Hut." Also sprach ich mit ihr weder über Boas, noch über Urwälder oder über Sterne. Ich passte mich ihrem Horizont an. Ich sprach mit ihr über Bridge, über Golf, über Politik und über Krawatten. Und die große Person war dann ganz zufrieden, einen so vernünftigen Mann getroffen zu haben.*

# II

So I lived alone, without anyone I could really talk to, until six years ago, when my plane crashed in the Sahara desert. There was something wrong with the engine. I had no mechanic with me, and no passengers, so I had to try to get a difficult repair job done all on my own. It was a matter of life or death for me. I had barely enough water to last me eight days.

So the first night I fell asleep on the sand, a thousand miles from any inhabited place. I was much more isolated than any shipwrecked sailor on a raft in the middle of the ocean. So you can just imagine my surprise, at daybreak, when a funny little voice woke me up, saying:

— Please … draw me a sheep!

— What?

— Draw me a sheep.

I jumped to my feet as if I'd been struck by lightning. I rubbed my eyes hard. I looked all around me. And I set eyes on a quite extraordinary little gentleman, looking at me solemnly. Here is the best picture of him that I could manage, afterwards.

*Ich habe auch alleine gelebt, ohne wirklich jemanden zum Reden zu haben, bis ich vor sechs Jahren eine Panne in der Wüste Sahara hatte. Irgendwas an meinem Motor war kaputt gegangen. Und weil ich weder einen Mechaniker noch Passagiere dabei hatte, musste ich versuchen, die schwierige Reparatur ganz alleine zu bewältigen. Es ging für mich dabei um Leben und Tod. Ich hatte kaum genug Trinkwasser für acht Tage dabei.*

*Am ersten Abend schlief ich also im Sand ein, eintausend Meilen vom nächsten bewohnten Fleckchen Erde entfernt. Ich war noch viel abgeschnittener als ein Schiffbrüchiger auf einem Floß mitten im Ozean. Ihr könnt euch also denken, wie überrascht ich war, als mich bei Tagesanbruch eine drollige, zarte Stimme weckte. Sie sagte: ...*

*„Bitte ... zeichne mir ein Schaf!*

*— Was?*

*— Zeichne mir ein Schaf."*

*Ich sprang wie vom Blitz getroffen auf. Ich rieb mir gründlich die Augen. Ich schaute mich um. Und ich sah einen ganz außergewöhnlichen, kleinen Gentleman, der mich feierlich musterte. Hier ist das beste Bild von ihm, welches ich im Nachhinein erschaffen konnte.*

But my drawing certainly doesn't do justice to the original. This is not my fault. I was put off from my artistic career by the grown-ups, when I was six, and I never learned to draw, except for boa constrictors seen from the inside and the outside.

I stared at this apparition, wide-eyed with astonishment. Don't forget I was a thousand miles from any inhabited place. Yet the little gentleman didn't seem to be either lost, or dying from exhaustion, hunger, thirst, or fear. He didn't seem in the least like a lost child, in the middle of a desert, a thousand miles from any inhabited place. When at last I managed to get a word out, I said:

*Aber meine Zeichnung ist natürlich nicht so bezaubernd wie das Original. Das ist nicht meine Schuld. Die großen Leute hatten mich mit sechs Jahren von meiner Karriere als Maler abgebracht und außer geschlossenen und offenen Boas hatte ich nichts anderes zu zeichnen gelernt.*

*Ich betrachtete diese Erscheinung mit vor Überraschung großen Augen. Vergesst nicht, dass ich eintausend Meilen von der nächsten bewohnten Gegend entfernt war. Der kleine Mann schien mir aber weder verirrt, noch schien er vor Erschöpfung, Hunger, Durst oder Angst zu sterben. Er hatte überhaupt nichts gemein mit einem Kind, welches sich mitten in der Wüste, eintausend Meilen von der nächsten bewohnten Gegend, verirrt hatte. Als ich endlich meine Stimme wieder gefunden hatte, sagte ich zu ihm:*

— But what are you doing there?

So he said it again, very gently, as if it was a very important matter:

— Please ... draw me a sheep ...

Faced with such an overwhelming mystery, you daren't disobey. Ridiculous as it seemed, a thousand miles from any inhabited place, with my life in danger, I took a pen and a piece of paper out of my pocket. But then I remembered that I had mostly studied geography, history, arithmetic and grammar, and, (a little crossly) I told the little gentleman that I couldn't draw. His reply was:

— That doesn't matter. Draw me a sheep.

As I'd never drawn a sheep, I re-drew for him one of the only two drawings that I could do. The one of the boa constrictor from the outside. And I was flabbergasted to hear the little gentleman reply:

— No! No! I don't want some elephant inside a boa constrictor. A boa constrictor is very dangerous, and an elephant very unwieldy. Where I come from, everything is very small. I need a sheep. Draw me a sheep.

So I drew one.

„Aber was machst du hier?“

Und er antwortete mir, ganz ruhig als ginge es um eine sehr ernste Sache:

„Bitte ... zeichne mir ein Schaf ...“

Überwältigt von der rätselhaften Situation, wagt man es nicht zu widersprechen. Mir schien das Ganze so absurd, eintausend Meilen von allen bewohnten Orten entfernt und in Todesgefahr, dass ich ein Blatt Papier und einen Füller aus meiner Tasche holte. Aber dann erinnerte ich mich daran, dass ich vor allem Geografie, Geschichte, Rechnen und Grammatik gelernt hatte, und ich sagte zum kleinen Mann(etwas mürrisch), dass ich nicht zeichnen könne. Er antwortete mir:

„Das macht nichts. Zeichne mir ein Schaf.“

Da ich noch nie ein Schaf gezeichnet hatte, zeichnete ich für ihn noch einmal eine der beiden einzigen Zeichnungen, die ich konnte. Die geschlossene Boa. Zu meiner Verblüffung antwortete der kleine Mann:

„Nein! Nein! Ich will keinen Elefanten in einer Boa. Eine Boa ist sehr gefährlich und ein Elefant braucht zu viel Platz. Mein Zuhause ist ganz klein. Ich brauche ein Schaf. Zeichne mir ein Schaf.“

Also zeichnete ich.

He studied it carefully, then said:

— No! that one is very sick already. Do me another.

So I did.

*Er betrachtete die Zeichnung aufmerksam und sagte dann:*

*„Nein! Das da ist schon ganz krank. Male ein anderes.“*

*Ich zeichnete:*

My friend smiled at me kindly, indulgently.

— Can't you see ... That's not a sheep, it's a ram. It's got horns ...

*Mein Freund lächelte freundlich, und sagte nachsichtig:*

*„Du siehst wohl selbst ... das ist kein Schaf, das ist ein Widder. Er hat Hörner ...“*

So I did my drawing again.

Also fertigte ich noch eine Zeichnung an:

But it was refused, like the ones before it.

— That one's too old. I want a sheep that will live for a long time.

I was running out of patience and looking forward to making a start on taking my engine apart. So I scribbled down this picture here.

Aber sie wurde abgelehnt, wie auch die vorherigen:

„Das da ist zu alt. Ich will ein Schaf das noch lange Zeit lebt."

Da kritzelte ich, mit meiner Geduld am Ende, weil ich endlich meinen Motor zerlegen wollte, diese Zeichnung:

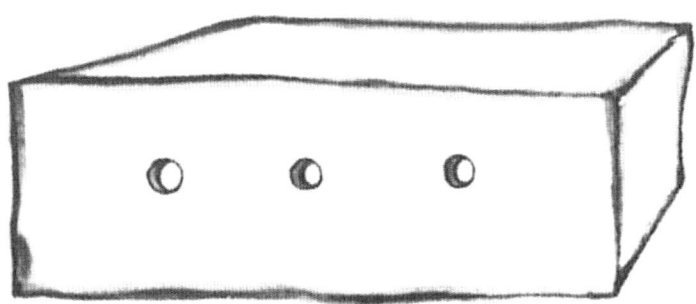

And I threw at him:

— That's the box. The sheep you want is inside.

I was very surprised to see my young judge's face light up.

Und ich fuhr ihn an:

„Das ist eine Kiste. Dein Schaf ist da drinnen."

Aber ich war ziemlich überrascht als ich sah, wie sich die Miene meines jungen Richters erhellte:

— That's just what I wanted! Do you think this sheep will need a lot of grass?

— Why?

— Because where I live everything is very small …

— Surely there'll be enough. I've given you a very small sheep.

He bent over the drawing.

— Not so small that … Oh! She's gone to sleep …

And that's how I met the little prince.

„Genauso eines wollte ich haben! Glaubst du dieses Schaf braucht sehr viel Gras?

— Warum?

— Weil mein Zuhause so klein ist …

— Es wird bestimmt ausreichen. Ich habe dir ein ganz kleines Schaf gegeben."

Er wandte sich der Zeichnung zu:

„So klein nun auch wieder nicht … Sieh mal! Es ist eingeschlafen …"

Und so lernte ich den kleinen Prinzen kennen.

# III

It took me a long time to understand where he came from. The little prince, who kept on asking me lots of questions, never seemed to listen to mine. It was from his chance remarks that, little by little, I pieced everything together. So, when he saw my aeroplane for the first time (I won't draw my aeroplane, it's much too complicated for me) he asked:

*Ich habe lange gebraucht um zu verstehen woher er kam. Der kleine Prinz stellte mir viele Fragen, aber meine schien er immer zu überhören. Durch zufällig fallengelassene Bemerkungen bekam ich nach und nach alles heraus. So fragte er mich, als er zum ersten Mal mein Flugzeug sah (ich werde keine Zeichnung von meinem Flugzeug anfertigen, das ist viel zu kompliziert für mich):*

— What's that thing there?

— It's not a thing. It flies. It's an aeroplane. It's my aeroplane.

And I was proud to tell him that I could fly. Then he cried;

— What? You fell from the sky?

— Yes, — I replied, modestly.

— Oh! How funny …

And the little prince broke out into a lovely peal of laughter that really annoyed me. I want people to take my misfortunes seriously. Then he added:

— So you came down from the sky as well! What planet are you from?

At once I saw a glimmer of hope in the mystery of his presence, and I abruptly asked him:

— Do you come from another planet, then?

But there was no reply. He gazed at my aeroplane, gently shaking his head.

— You certainly can't have come from very far away on that …

And he sank into a reverie that lasted a long time. Then he took my drawing of the sheep out of his pocket, and fell to contemplating his treasure.

You can imagine how intrigued I was by this half-confidence about 'other planets'. So I made an effort to find out more about it.

— Where do you come from, my little man? Where is your home? Where do you want to take my sheep to?

*„Was ist das für ein Ding?*

*— Das ist kein Ding. Das fliegt. Das ist ein Flugzeug. Das ist mein Flugzeug."*

*Ich war stolz ihm davon zu erzählen, dass ich flog. Da rief er:*

*„Was! Du bist vom Himmel gefallen?"*

*— Ja, — sagte ich bescheiden.*

*— Ah! Das ist lustig …"*

*Der kleine Prinz lachte laut auf, was mich ziemlich ärgerte. Ich wollte, dass man mein Unglück ernst nahm. Dann fügte er hinzu:*

*— Also kommst du auch vom Himmel! Von welchem Planeten bist du?*

*Plötzlich sah ich einen Hoffnungsschimmer durch seine mysteriöse Anwesenheit und fragte ihn unvermittelt:*

*— Du kommst also von einem anderen Planeten?*

*Aber er antwortete mir nicht. Er nickte langsam mit dem Kopf, während er mein Flugzeug musterte:*

*— Es stimmt, damit kannst du nicht von allzu weit weg gekommen sein …*

*Und er blieb eine lange Zeit träumend sitzen. Dann holte er mein Schaf aus seiner Tasche und betrachtete in Gedanken versunken seinen Schatz.*

*Ihr könnt euch vorstellen wie neugierig mich diese Andeutung über „die anderen Planeten" machte. Ich versuchte also mehr darüber herauszufinden.*

*— Woher kommst du, mein kleiner Mann? Wo ist „dein Zuhause"? Wohin willst du mein Schaf bringen?*

After a meditative silence he replied:

— The good thing about the box you gave me is that, at night, she can make it her home.

— Certainly. And if you're good I'll give you rope to tie her up during the day. And a post.

The little prince seemed shocked at this suggestion.

— Tie her up? What a funny idea!

— But if you don't tie her up, she'll wander off somewhere and get lost …

And my friend burst out laughing again:

— But where do you think she would go?

— Anywhere. Straight ahead of her.

Then the little prince solemnly said:

— That doesn't matter, it's so small where I live.

And he added, perhaps with a faint touch of sadness,

— Straight ahead won't get you very far …

*Nach einer nachdenklichen Stille antwortete er mir:*

*— Das Gute an der Kiste die du mir gegeben hast ist, dass es sie in der Nacht als Haus benutzen kann.*

*— Sicher. Und wenn du nett bist, werde ich dir auch einen Strick geben, damit du es tagsüber anbinden kannst. Und einen Pflock."*

*Mein Vorschlag schien den kleinen Prinzen zu erschüttern:*

*„Es anbinden? Was für eine komische Idee!*

*— Aber wenn du es nicht anbindest, wird es einfach irgendwohin gehen und sich verlaufen …"*

*Und mein Freund lachte erneut laut auf:*

*— Aber wohin soll es schon gehen?*

*— Egal wohin. Einfach gerade aus …*

*Da sagte der kleine Prinz ernst:*

*— Das macht nichts, mein Zuhause ist so klein!*

*Und er fügte, vielleicht etwas schwermütig, hinzu:*

*— Einfach geradeaus kommt man nicht sehr weit …*

# IV

So I had learnt something else, very important: that the planet he came from was hardly bigger than a house.

But that didn't really surprise me very much. I knew perfectly well that besides the great, big planets like Earth, Jupiter, Mars, Venus and the others that have been given a name there are hundreds of others that are sometimes so tiny that it's very hard to spot them with a telescope. When an astronomer discovers one of these he gives it a number instead of a name. For instance, he might call it 'Asteroid 325'.

*So erfuhr ich noch eine sehr wichtige Sache: der Planet von dem er kam war kaum größer als ein Haus!*

*Das überraschte mich nicht besonders. Ich wusste schon, dass es neben den großen Planeten wie der Erde, Jupiter, Mars, Venus, denen man Namen gegeben hatte, auch hunderte andere gibt, die so klein sind, dass es sehr schwer ist sie mit dem Teleskop zu sehen. Wenn ein Astronom einen von ihnen entdeckt, gibt er ihm eine Nummer als Namen. Er nennt ihn zum Beispiel „Asteroid 325".*

I have good reasons for thinking that the planet the little prince came from is Asteroid B-612. This asteroid was only spotted through a telescope once, in 1909, by a Turkish astronomer.

*Ich habe gute Gründe anzunehmen, dass es sich bei dem Planeten von dem der kleine Prinz kommt, um den Asteroiden B-612 handelt. Dieser Asteroid wurde nur ein einziges Mal durch ein Teleskop gesehen, im Jahr 1909, von einem türkischen Astronomen.*

So he made a great presentation of his discovery at an international conference of astronomy. But no one believed him because of his costume. Grown-ups are like that.

*Er präsentierte damals seine Entdeckung feierlich auf einem internationalen Astronomiekongress. Aber niemand glaubte ihm, aufgrund des Kostüms, welches er trug. So sind die großen Leute.*

Fortunately for asteroid B-612's reputation, a Turkish dictator imposed Western dress on his people, on pain of death. The astronomer repeated his presentation in 1920, wearing a very elegant suit. And this time everyone agreed with him.

*Zum Glück für den Ruf des Asteroiden B-612, zwang ein türkischer Diktator seine Untertanen, unter Androhung der Todesstrafe, sich wie die Europäer zu kleiden. Der Astronom hielt seinen Vortrag 1920 noch einmal, in einem sehr eleganten Anzug. Und dieses Mal waren alle seiner Meinung.*

The reason I've given you these details about Asteroid B-612 and revealed its number is because of grown-ups. Grown-ups love figures. When you tell them about a new friend they never ask you about the things that really matter. They never say: " What does his voice sound like? What are his favourite games? Does he collect butterflies?" They ask: "How old is he? How many brothers does he have? How much does he weigh? What is his father's salary?" Only then do they think they've come to know him. If you say to grown-ups "I've seen a lovely house built of pink bricks, with geraniums at the windows and doves on the roof," they'll never be able to picture that house. You'd have to say: "I've seen a house worth a hundred thousand francs." Then they'd exclaim: "Isn't that lovely!"

Equally, if you tell them: "The proof that the little prince existed is that he was fascinating, that he laughed, that he wanted a sheep. If someone wants a sheep it proves

*Dass ich euch diese Einzelheiten über den Asteroiden B-612 erzähle, und dass ich euch seine Nummer verraten habe, das liegt an den großen Leuten. Die großen Leute lieben Zahlen. Wenn man ihnen von einem neuen Freund erzählt, fragen sie nie nach dem Wesentlichen. Niemals fragen sie: „Wie klingt seine Stimme? Was spielt er am liebsten? Sammelt er Schmetterlinge?" Sie fragen einen: „Wie alt ist er? Wie viele Geschwister hat er? Wie viel wiegt er? Wie viel verdient sein Vater?" Nur so glauben sie, ihn kennenzulernen. Wenn man zu den großen Leuten sagt: „Ich habe ein rotes Backsteinhaus gesehen, mit Geranien an den Fenstern und Tauben auf dem Dach ...", gelingt es ihnen nicht, sich dieses Haus vorzustellen. Man muss ihnen sagen: „Ich habe ein Haus für hunderttausend Franken gesehen." Dann rufen sie: „Wie schön!"*

*Genauso wenn man ihnen sagt: „Der Beweis dafür, dass der kleine Prinz existierte, dass er bezaubernd war, dass er lachte, und dass er ein Schaf haben wollte. Wenn man jemand ein Schaf*

16

that they exist," they'd shrug their shoulders and treat you like a child! But if you tell them "The planet he came from is Asteroid B-612" they'll be convinced, and leave you in peace from their questions. They're like that. You mustn't blame them. Children have to be very tolerant towards grown-ups.

For sure, those of us who understand about life couldn't care less about numbers! I would have liked to start this story off like a fairy tale. I'd have liked to say:

"Once upon a time, there was a little prince who lived on a planet not much bigger than he was himself, and he wanted a friend ..." This would have seemed much more convincing to those who understand about life.

For I don't want my book to be taken lightly. It's taken too much out of me to write these reminiscences. It's now six years since my friend went away with his sheep. If I'm attempting to write about him here, it's so I don't forget. It's sad to forget a friend. Not everyone has had a friend. And I could become like the grown-ups who only care about figures. So that's why I've bought a box of paints and some pencils. It's hard to take up drawing again at my age, when the only other attempts I've made are boa constrictors seen from the inside and the outside, at the age of six! I'm certainly going to try to get the best likenesses possible. But I'm not at all sure I'll succeed. One drawing works and

*haben möchte, ist das der Beweis dafür, dass derjenige existiert", dann zucken sie mit den Schultern und behandeln einen wie ein Kind! Aber wenn man ihnen sagt: „Der Planet von dem er kam, das ist der Asteroid B-612", sind sie überzeugt und lassen einen mit ihren Fragen in Ruhe. So sind sie. Man darf ihnen nicht böse sein deswegen. Die Kinder müssen sehr nachsichtig mit den großen Leuten sein.*

*Aber wir, die wir das Leben verstehen, machen uns natürlich nichts aus Nummern! Ich hätte diese Geschichte gerne wie ein Märchen angefangen. Ich hätte gerne gesagt:*

*„Es war einmal ein kleiner Prinz, der auf einem Planeten kaum größer als er selbst lebte und der einen Freund suchte ..." Für die, die das Leben verstehen, hätte das viel glaubwürdiger geklungen.*

*Ich möchte nicht, dass man mein Buch auf die leichte Schulter nimmt. Mich stimmt es sehr traurig, diese Erinnerungen zu erzählen. Es ist nun schon sechs Jahre her, dass mein Freund mit seinem Schaf fortgegangen ist. Wenn ich versuche ihn hier zu beschreiben, dann deshalb, um ihn nicht zu vergessen. Es ist traurig einen Freund zu vergessen. Nicht jeder hat einmal einen Freund gehabt. Und auch ich kann so werden wie die großen Leute, die sich für nichts weiter als Zahlen interessieren. Auch deswegen habe ich einen Farbkasten und Stifte gekauft. Es ist schwer in meinem Alter mit dem Zeichnen anzufangen, wenn man niemals etwas anderes zu zeichnen versucht hat, als im Alter von sechs Jahren eine offene und eine geschlossene Boa. Ich werde natürlich versuchen die Porträts so getreu wie möglich zu zeichnen. Aber ich bin*

another looks nothing like what it is supposed to. I also get his height wrong. The little prince is too tall in one and too short in another. And I'm not sure of the colour of his clothes. So I struggle along one way or another, the best I can. I'm sure to make mistakes over some of the most important details. But you'll have to forgive me for that. My friend never explained anything. Perhaps he thought I was like him. But, personally, I'm afraid I can't see sheep inside boxes. Perhaps I'm a bit like the grown-ups. I've had to grow old.

*nicht ganz sicher, ob es mir gelingen wird. Mal gelingt mir eine Zeichnung gut, mal sieht sie ihm gar nicht ähnlich. Auch bei seiner Größe liege ich etwas daneben. Hier ist der kleine Prinz zu groß. Dort ist er zu klein. Auch bei der Farbe seines Anzugs bin ich mir nicht sicher. Also probiere ich es mal so und mal so, mehr schlecht als recht. Bei manchen noch wichtigeren Einzelheiten werde ich mich irren. Aber das muss man mir nachsehen. Mein Freund erklärte einem nichts. Er glaubte vielleicht, ich sei wie er. Aber leider kann ich keine Schafe durch Kisten hindurch sehen. Vielleicht bin ich ein bisschen wie die großen Leute. Ich muss gealtert sein.*

# V

Every day I learned something about the planet, his departure and his journey. This happened very gradually, from his chance reflections. Thus it was that, on the third day, I learnt about the tragedy of the baobabs.

This time once again I had the sheep to thank, because the little prince suddenly asked me, as if overtaken by a grave doubt:

— It's true, isn't it, that sheep eat shrubs?

— Yes, that's true.

— Ah! I'm so glad.

I had no idea why it was so important that sheep should eat shrubs. But the little prince added:

— So would they also eat baobabs?

I pointed out to the little prince that baobabs aren't shrubs, but trees as tall as churches, and that even if he took with him a whole herd of elephants they would never get through a single baobab.

The idea of the herd of elephants made the little prince laugh.

— We'd have to put them one on top of the other …

*Jeden Tag erfuhr ich etwas Neues über den Planeten des kleinen Prinzen, warum er ihn verließ und über seine Reise. All das kam ganz allmählich heraus, zufällig beim Nachdenken. So erfuhr ich am dritten Tag vom Drama um die Affenbrotbäume.*

*Auch dieses Mal hatte ich es dem Schaf zu verdanken, denn der kleine Prinz fragte mich plötzlich, als hätte ihn ein schwerer Zweifel erfasst:*

*„Es stimmt doch, dass Schafe Sträucher fressen, oder?*

*— Ja. Das stimmt.*

*— Ah! Da bin ich froh!"*

*Ich verstand nicht warum es so wichtig war, dass Schafe Sträucher fraßen. Aber der kleine Prinz fügte hinzu:*

*„Also fressen sie auch Affenbrotbäume?"*

*Ich machte den kleinen Prinzen darauf aufmerksam, dass Affenbrotbäume keine Sträucher sind, sondern Bäume, so groß wie Kirchen, und dass, selbst wenn er eine ganze Herde Elefanten mitbrächte, diese Herde keinen einzigen Affenbrotbaum schaffen würde.*

*Die Idee mit der Elefantenherde brachte den kleinen Prinzen zum Lachen:*

*„Man müsste sie übereinanderstapeln ..."*

But he made a wise remark.

— Baobabs start off by being little, before they grow big.

— That's true! But why do you want your sheep to eat the little baobabs?

He answered: — Oh, come on! — as if it was obvious. And I needed a supreme mental effort to understand this problem on my own.

As it turned out, on the little prince's planet, as with all the other planets, there were good plants and bad ones. And, as a result, good seeds from good plants and bad seeds from bad plants. But the seeds are invisible. They lie dormant

*Aber er bemerkte weise:*

*„Bevor die Affenbrotbäume groß werden, sind sie ganz klein.*

*— Das stimmt! Aber warum willst du, dass deine Schafe die kleinen Affenbrotbäume fressen?"*

*Er antwortete mir: „Na das ist doch klar!", als wäre es offensichtlich. Und es bereitete mir großes Kopfzerbrechen dieses Problem von selbst zu verstehen.*

*Auf dem Planeten des kleinen Prinzen gab es nämlich, wie auf allen Planeten, nützliche Pflanzen und Unkraut. Folglich gab es auch Samen von nützlichen und von schädlichen Pflanzen. Aber die Samen sieht man nicht. Sie schlafen, versteckt in der Erde, bis einem*

in the ground, secretly, until one of them has the idea of waking up. Then it stretches up, and, timidly at first, pushes up a lovely little shoot, harmlessly, towards the sun. If it's the shoot of a radish, or a rose, you can leave it to grow however it wants. But if it's a bad plant you have to pull it up as quickly as you can, as soon as you know what it is. Now there were some terrible seeds on the little prince's planet ... they were baobab seeds. The soil on the planet was infested with them. Now, if you catch it too late, a baobab is something you will never be able to get rid of again. It clutters up the whole planet. Its roots go right through. And if the planet is too small, and there are too many baobabs, they'll break it all up.

*von ihnen danach ist aufzuwachen. Dann streckt er sich und wächst, zuerst schüchtern, ein entzückender, harmloser kleiner Trieb der Sonne entgegen. Wenn es sich um den Keim eines Radieschens oder eines Rosenstrauches handelt, kann man ihn wachsen lassen, wie er will. Wenn es sich aber um ein Unkraut handelt, gilt es die Pflanze sofort herauszureißen, sobald man sie erkennen kann. Nun gab es aber fürchterliche Samen auf dem Planeten des kleinen Prinzen ... das waren die Samen des Affenbrotbaumes. Der ganze Boden des Planeten war davon befallen. Wenn man einen Affenbrotbaum zu lange wachsen lässt, wird man ihn nie wieder los. Er nimmt den ganzen Planeten ein. Er durchbohrt ihn mit seinen Wurzeln. Und wenn der Planet zu klein ist und es zu viele Affenbrotbäume gibt, bringen sie ihn zum zerbersten.*

— It's a question of discipline, — the little prince said to me later. — When you've attended to your own needs in the morning, you've got to attend carefully to the needs

*„Das ist eine Frage der Disziplin, sagte mir später der kleine Prinz. Wenn man mit seiner Morgentoilette fertig ist, muss man sich sorgfältig um die Toilette des Planeten kümmern. Man muss sich*

of the planet. You've got to make yourself pull up the baobabs regularly the moment you can tell them apart from the roses, they look so much like them when they are very young. It's very tedious work, but not at all difficult.

And one day he told me to work on a beautiful picture, to get it into the heads of the children back home. "It could be very useful to them if they travel one day," he told me. "Sometimes there is no harm in putting off work till later. But if you're talking about baobabs this always means catastrophe. I knew a planet that was inhabited by a lazy man. He neglected three shrubs …"

And so, I drew that planet as the little prince told me. I hardly like to sound moralistic, but the danger of baobabs is so little known, and the risks they pose to someone who might get lost on an asteroid are so considerable, that I have made an exception for once and not held back. "Children! Look out for the baobabs!" I said. It's so as to warn my friends of the danger they've so narrowly missed for such a long time, without being any more aware of it than I was myself, that I've worked so hard on this picture. The lesson I was teaching them was worth the trouble. Perhaps you are wondering: "Why are none of the other pictures in this book as grand as the picture of the baobabs?" The answer is quite simple: I tried but I couldn't manage it. When I drew the baobabs I was inspired by a sense of urgency.

*regelmäßig dazu zwingen, die Affenbrotbäume auszureißen, sobald man sie von den Rosensträuchern unterscheiden kann, denn wenn sie noch sehr jung sind sehen sie sich sehr ähnlich. Das ist eine sehr langweilige Arbeit, aber auch sehr leicht."*

*Irgendwann riet mir der kleine Prinz, eine schöne Zeichnung anzufertigen, damit ich es den Kindern bei mir Zuhause einbläuen konnte. „Wenn sie eines Tages auf Reisen sind, wird es ihnen nützlich sein, sagte er mir. Manchmal ist es nicht weiter schlimm seine Arbeit auf später zu verschieben. Aber wenn es um Affenbrotbäume geht, ist es immer katastrophal. Ich habe einen Planeten gesehen, der von einem Faulenzer bewohnt wurde. Er hatte drei Büsche vernachlässigt …"*

*Ich habe dann nach den Angaben des kleinen Prinzen jenen Planeten gezeichnet. Ich halte nicht gerne Moralpredigten. Aber die Gefahr, die von den Affenbrotbäumen ausgeht, ist so wenig bekannt und das Risiko für jemanden, der sich auf einen Asteroiden verirrt, so groß, dass ich eine Ausnahme mache. Ich sage: „Kinder! Gebt acht auf die Affenbrotbäume!" Um meine Freunde vor dieser Gefahr zu warnen, der sie wie ich, solange knapp entgangen sind ohne sie zu kennen, habe ich sehr lange an dieser Zeichnung gearbeitet. Angesichts der Lektion, die ich damit erteile, war es die Mühe wert. Vielleicht fragt ihr euch: Warum gibt es in diesem Buch keine anderen Zeichnungen, die so großartig sind wie die mit den Affenbrotbäumen. Die Antwort ist ganz einfach: Ich habe es versucht, aber es ist mir nicht gelungen. Als ich die Affenbrotbäume gezeichnet habe, wurde ich durch das Gefühl der Dringlichkeit inspiriert.*

# VI

Oh! Little prince, bit by bit I began to understand your sad little life. For a long time the only entertainment you had was the beauty of the sunsets. I learnt this new detail on the morning of the fourth day, when you told me:

— I love sunsets so much. Let's go and see the sunset …

— But you have to wait for that …

— Wait? What for?

— Wait for the sun to go down.

At first you seemed very surprised, and then you laughed at yourself. And you said:

— I keep thinking I'm still at home!

Just so. As everyone knows, when it is midday in the United States the sun is setting over France. If you could get over to France in one minute, you could watch the sunset. Unfortunately France is much too far away. But, on your little planet, you only needed to move your chair a few paces. And you could watch the sun set whenever you wanted to …

— One day I saw the sunset forty-four times!

And a bit later you added:

— You know … when you're so

*Ach, kleiner Prinz! Nach und nach begann ich, dein kleines, trauriges Leben zu verstehen. Lange Zeit war dein einziges Vergnügen die Schönheit der Sonnenuntergänge. Dieses neue Detail erfuhr ich am Morgen des vierten Tages, als du mir sagtest:*

*„Ich mag Sonnenuntergänge sehr gerne. Lass uns einen Sonnenuntergang ansehen …*

*— Aber darauf musst du noch warten …*

*— Warten? Worauf denn?*

*— Darauf, dass die Sonne untergeht. "*

*Am Anfang schienst du sehr überrascht zu sein. Und dann hast du über dich selbst gelacht. Du sagtest:*

*„Ich denke immer, ich wäre bei mir Zuhause!"*

*Ja richtig. Jeder weiß, wenn es in den Vereinigten Staaten Mittag ist, geht die Sonne in Frankreich gerade unter. Man müsste nur in einer Minute nach Frankreich gelangen können, um einen Sonnenuntergang zu sehen. Leider ist Frankreich viel zu weit weg. Aber auf dem kleinen Planeten des Prinzen genügt es, wenn man seinen Stuhl um ein paar Schritte verrückt. So kann man die Dämmerung beobachten, wann immer einem danach ist …*

*„Einmal habe ich vierundvierzig Sonnenuntergänge an einem einzigen Tag gesehen. "*

*Und etwas später fügtest du hinzu:*

*„Weißt du … wenn man sehr traurig*

sad, it's lovely to see sunsets …

— The day you saw it forty-four times, were you so very sad?"

But the little prince made no reply.

*ist, dann ist es schön, Sonnenuntergänge zu sehen …*

*— An jenem Tag mit den vierundvierzig Sonnenuntergängen warst du also sehr traurig?"*

*Aber der kleine Prinz antwortete nicht.*

# VII

On the fifth day, once more thanks to the sheep, the secret of the little prince's life was revealed to me. He said me abruptly, without any preamble, like the fruits of a problem he had been thinking over in silence for a long time:

— A sheep, if it eats shrubs, does it eat flowers too?

— A sheep will eat anything it can find.

— Even flowers with thorns?

— Yes. Even flowers with thorns.

— So what good are the thorns, then?

*Am fünften Tag, wieder dank des Schafes, erfuhr ich ein anderes Geheimnis aus dem Leben des kleinen Prinzen. Er fragte mich ganz plötzlich, ohne Ankündigung, als hätte er lange Zeit im Stillen über sein Problem nachgedacht:*

*„Wenn ein Schaf Sträucher frisst, frisst es dann auch Blumen?*

*— Ein Schaf frisst alles was es finden kann.*

*— Auch Blumen die Dornen haben?*

*— Ja. Auch Blumen die Dornen haben.*

*— Wofür sind dann die Dornen?"*

I had no idea. I was still very busy trying to unscrew a bolt in my engine that was too tight. I was being very careful because I was beginning to think that the breakdown of my plane

*Ich wusste es nicht. Ich war gerade schwer damit beschäftigt, einen zu stark angezogenen Schraubenbolzen meines Motors zu lösen. Ich machte mir große Sorgen, weil meine Panne sehr ernst zu*

was an extremely serious one, and the dwindling supply of my drinking water was making me fear the worst.

— So what good are the thorns, then?

The little prince never let a question go, once it had been asked. I was bothered by the bolt, and I replied with the first thing that came into my head:

— The thorns are no good at all, it's pure spite on the part of the flowers!

— Oh!

He was silent for a while, then threw at me, resentfully:

— I don't believe you! Flowers are weak. They're naïve. They reassure themselves as best they can. They think their thorns make them frightening …

I made no reply. At that very moment I was saying to myself "If this bolt still won't budge I'll have to hit it with a hammer." The little prince broke into my reflections once again:

— And you really think, do you, that flowers …

— No! No! I don't think anything! I said the first thing that came into my head. I'm very busy with things that really matter!

He looked at me, dumbfounded.

— Things that really matter!

He looked at me, hammer in hand, my fingers black with grease, bent over something that seemed very ugly to him.

— You're talking just like a grown-up!

*sein schien und das Trinkwasser zur Neige ging, weshalb ich mit dem Schlimmsten rechnete.*

*„Wofür sind die Dornen denn gut?“*

*Der kleine Prinz ließ nicht locker, sobald er einmal eine Frage gestellt hatte. Ich war von der Schraube genervt und antwortete einfach irgendetwas:*

*„Die Dornen haben keinen Zweck, die Blumen haben sie aus reiner Bosheit!*

*— Oh!“*

*Aber nach einem kurzen Schweigen fuhr er mich gekränkt an:*

*„Ich glaube dir nicht! Blumen sind schwach. Sie sind naiv. Sie beruhigen sich selbst so gut wie sie können. Sie halten sich für furchteinflößend durch ihre Dornen …“*

*Ich antwortete nicht. In jenem Moment dachte ich: „Wenn dieser Bolzen sich nicht gleich löst, schlage ich ihn mit dem Hammer heraus.“ Wieder unterbrach der kleine Prinz meine Gedanken:*

*„Und du glaubst wirklich, dass die Blumen …*

*— Aber nein! Aber nein! Ich glaube gar nichts! Ich habe einfach irgendwas geantwortet. Ich bin mit ernsthaften Dingen beschäftigt!“*

*Er sah mich verblüfft an.*

*„Ernsthafte Dinge!“*

*Er sah mich an, mit dem Hammer in der Hand und von Schmieröl schwarzen Fingern, über ein Ding gebeugt, das ihm sehr hässlich erschien.*

*„Du sprichst wie die großen Leute!“*

That made me feel a bit ashamed. But he went on mercilessly:

— You're confusing everything. You're mixing everything up.

He was really very annoyed. He shook his golden curls in the wind.

— I know a planet where a red-faced man lives. He's never smelt a flower. He's never gazed at a star. He's never loved anyone. He's never done anything except add things up. And all day he talks like you: "I deal with things that matter! I deal with things that matter!" and it makes him swell up with pride. But he isn't a

*Ich schämte mich ein wenig. Aber er fuhr schonungslos fort:*

*„Du verwechselst alles ... Du bringst alles durcheinander!"*

*Er war wirklich sauer. Er schüttelte sein goldenes Haar im Wind:*

*„Ich kenne einen Planeten auf dem es einen knallroten Mann gibt. Er hat niemals an einer Blume gerochen. Er hat niemals einen Stern gesehen. Er hat niemals jemanden geliebt. Nie hat er etwas anderes getan, als Dinge zusammenzurechnen. Und den ganzen Tag wiederholt er, wie du: ‚Ich bin ein ernsthafter Mann! Ich bin ein ernsthafter Mann!' und das lässt ihn vor Stolz anschwellen. Aber das ist kein Mann,*

man, he's a mushroom!

— A what?

— A mushroom!

Meanwhile the little prince had turned white with rage.

— Flowers have been making thorns for millions of years. For millions of years, sheep have been eating them just the same. And it doesn't really matter, to try to understand why they go to so much trouble to make thorns for themselves, if they aren't doing any good? Isn't it important, this war between sheep and flowers? Isn't it a serious matter, and more important than the sums that a fat, red-faced man adds up? And if I, myself, know of a flower unique in all the world, that doesn't exist anywhere except on my planet and a little sheep could annihilate it all at once, one morning, not even knowing what it's doing, that doesn't matter!

He flushed, then went on:

— If someone loves a flower of which only one single example exists among millions and millions of stars, that's enough to make him happy when he looks at them. He says to himself: "My flower is out there somewhere …" But if the sheep eats the flower, then to him it's as if all the stars have suddenly gone out. And that doesn't matter?

He could say no more. Abruptly he burst out sobbing. Night had fallen. I had abandoned my tools. I no longer cared about my hammer, my bolt, being thirsty or dying. On one star, one planet, mine, the

das ist ein Pilz!

— Ein was?

— Ein Pilz!"

Der kleine Prinz war jetzt ganz blass vor Wut.

„Seit Millionen von Jahren wachsen den Blumen Dornen. Seit Millionen von Jahren werden sie trotzdem von den Schafen gefressen. Und da ist es nicht vernünftig, zu versuchen zu verstehen, warum die Blumen sich so abmühen, sich Dornen wachsen zu lassen die ihnen gar nichts nützen? Der Krieg zwischen den Schafen und den Blumen ist also nicht wichtig? Ist das nicht eine ernsthafte Angelegenheit und wichtiger als die Additionen eines dicken, roten Mannes? Und wenn ich eine einzigartige Blume kenne, die es nirgendwo sonst gibt außer auf meinem Planeten, und ein kleines Schaf sie mit einem Mal vernichten kann, einfach so, eines morgens, ohne dass es sich darüber im Klaren wäre was es da tut, das ist also nicht wichtig!"

Er wurde rot und fuhr dann fort:

„Wenn jemand eine Blume liebt, die es auf den Millionen und Abermillionen von Sternen nur ein einziges Mal gibt, dann genügt es ihm, in die Sterne zu blicken um glücklich zu sein. Er sagt sich: „Irgendwo da draußen ist meine Blume …" Aber wenn das Schaf die Blume frisst, dann ist es für ihn, als würden alle Sterne plötzlich erlöschen. Und das ist also nicht wichtig?"

Er konnte nicht weitersprechen. Plötzlich brach er in Tränen aus. Die Nacht war angebrochen. Ich hatte meine Werkzeuge fallen gelassen. Wie unwichtig waren doch mein Hammer, mein Bolzen, der Durst und der Tod. Auf einem Stern, einem Planeten, meinem Planeten, der

Earth, there was a little prince to comfort! I took him in my arms. I cradled him. I said to him: "The flower you love so much isn't in any danger ... I'll draw you a muzzle for your sheep ... I'll draw you a railing to put round your flower ... I ..." I no longer knew what to say to him. I felt very awkward. I didn't know how to reach out to him, to find him again. It is so mysterious, the land of tears!

*Erde, galt es einen kleinen Prinzen zu trösten. Ich nahm ihn in die Arme. Ich wiegte ihn hin und her. Ich sagte zu ihm: „Deine geliebte Blume ist nicht in Gefahr ... Ich werde einen Maulkorb für dein Schaf zeichnen ... Ich werde eine Rüstung für deine Blume zeichnen ... Ich ..." Ich wusste nicht recht was ich sagen sollte. Ich kam mir sehr unbeholfen vor. Ich wusste nicht, wie ich zu ihm durchdringen sollte, um ihn wiederzufinden. Das Land der Tränen ist so geheimnisvoll!*

# VIII

I soon learned to get to know this flower better. The flowers on the little prince's planet had always been very simple, graced with just one row of petals, taking up no space at all and not getting in anyone's way. They appeared in the grass one morning, and then by the evening they would fade away. But this one had grown one day from a seed that had arrived from who knows where, and the little prince had kept a very close eye on this shoot that didn't look like the other shoots. It might be a new type of baobab. But the plant soon stopped growing and a flower started to appear. The little prince, who was there when the first huge bud appeared, had a strong feeling that something wonderful would come out of it, but the flower continued to make her beauty preparations in the shelter of her green chamber. She chose her colours carefully. She dressed herself slowly, adjusting her petals one by one. She didn't want to come out looking all crumpled, like a poppy. She wanted to emerge only in the full radiance of her beauty. Ah! Yes. She was very elegant. Her mysterious preparations had lasted for days and days. And then, one morning, just as the sun rose, she suddenly showed herself.

*Ich lernte jene Blume sehr schnell besser kennen. Auf dem Planeten des kleinen Prinzen hatte es immer ganz schlichte Blumen gegeben, geschmückt mit einer einzelnen Reihe Blütenblätter. Sie brauchten kaum Platz und störten niemanden. Eines Morgens tauchten sie in der Wiese auf und vergingen am Abend wieder. Aber jene Blume war eines Tages aus einem Samen gekeimt, von dem niemand weiß woher er kam und der kleine Prinz hatte den Trieb, der keinem der anderen glich, aus nächster Nähe überwacht. Es hätte eine neue Art von Affenbrotbaum sein können. Aber bald hörte der Strauch auf zu wachsen und begann eine Blüte zu bilden. Der kleine Prinz beobachtete, wie eine riesige Knospe heranwuchs und er spürte, dass aus ihr etwas Wunderbares werden würde. Aber die Blume machte sich im Schutze ihres grünen Zimmers schön. Mit Bedacht wählte sie ihre Farben aus. Langsam kleidete sie sich an, eines nach dem anderen machte sie ihre Blütenblätter zurecht. Sie wollte nicht völlig zerknittert aufgehen, so wie ein Klatschmohn. Nur in ihrer ganzen strahlenden Schönheit wollte sie sich zeigen. Oh ja, sie war sehr eitel! Ihre geheimnisvolle Vorbereitung hatte viele, viele Tage gedauert. Und dann, eines Morgens, pünktlich zum Sonnenaufgang, zeigte sie sich.*

And this flower, who had spent so much time and trouble over her appearance, yawned and said:

— Oh! I've just woken up ... excuse me ... I still look very rumpled ...

But the little prince could not contain his admiration.

— How beautiful you are!

— Aren't I? — the flower replied gently ... — And I was born at the same time as the sun ...

It wasn't hard for the little prince to see that she wasn't too modest, but how exciting she was.

— I think it's time for breakfast — she soon added, — If you would be so kind as to give me some consideration ...

*Und sie sagte gähnend, nach all der gründlichen Vorbereitung:*

*„Oh! Ich bin noch gar nicht richtig wach ... ich bitte um Entschuldigung ... Ich sehe noch ganz zerzaust aus ..."*

*Der kleine Prinz konnte seine Bewunderung nicht verstecken:*

*„Wie schön du bist!*

*— Nicht wahr? — antwortete die Blume sanft. — Und ich wurde zur gleichen Zeit wie die Sonne geboren ..."*

*Der kleine Prinz ahnte schon, dass sie nicht gerade bescheiden war, aber sie war so spannend!*

*„Ich glaube es ist Zeit für das Frühstück, fügte sie bald hinzu. Wärst du so freundlich, an mich zu denken ..."*

And the little prince, covered in confusion, went to look for a can and fresh water, and watered the flower.

So she soon began to torment him with her rather dubious vanity. One day, for example, talking about her four thorns, she had said to the little prince:

— Let them come, those tigers with their claws!

*Und der kleine Prinz holte, ganz durcheinander, eine Gießkanne mit frischem Wasser und kümmerte sich um die Blume.*

*So begann sie bald, ihn mit ihrer Eitelkeit zu plagen. Eines Tages beispielsweise, als sie von ihren vier Dornen sprach, sagte sie zum kleinen Prinzen:*

*„Sie können ruhig kommen, die Tiger mit ihren Krallen!*

— There aren't any tigers on my planet, — the little prince objected. — And anyway they don't eat grass.

— I'm not grass, — came the flower's gentle reply.

— Forgive me ...

— I'm not in the least afraid of tigers, but I have a horror of draughts. You wouldn't have a screen, would you?

— *Es gibt keine Tiger auf meinem Planeten, entgegnete der kleine Prinz. Und außerdem fressen Tiger kein Gras.*

— *Ich bin kein Gras, antwortete die Blume sanft.*

— *Verzeih mir ...*

— *Ich habe nicht im Geringsten Angst vor Tigern, aber ich kann Zugluft nicht ausstehen. Du hast nicht zufällig einen Windschutz?"*

— A horror of draughts … that's unlucky for a plant, — remarked the little prince. — This is a very complicated flower.

— You'll have to put me under a glass cloche in the evening. It's very cold on your planet. It wasn't made properly. Where I come from …

But she stopped herself. She had arrived as a seed. She couldn't have known anything about other worlds. Humiliated at being caught out in preparing such a naïve lie, she coughed a few times, to put the little prince in the wrong:

— This screen?

— I was just going to get it, but you were talking to me!

So she forced another cough so the little prince would suffer from remorse all the same.

So the little prince, in spite of all his loving good will, soon began to

„Zugluft nicht ausstehen können … das ist ungünstig für eine Pflanze, bemerkte der kleine Prinz. Diese Blume ist ganz schön kompliziert."

„Du kannst mich abends mit einer Glasglocke abdecken. Es ist so kalt bei dir. Das ist schlecht gemacht. Da wo ich herkomme …"

Aber sie unterbrach sich selbst. Sie war als Samen hergekommen. Sie hatte gar keine anderen Welten kennen lernen können. Peinlich berührt darüber, bei einer so einfältigen Lüge ertappt worden zu sein, hustete sie einige Male um den kleinen Prinzen ins Unrecht zu setzen:

„Dieser Windschutz?

— Ich wollte ihn gerade holen, aber du hast mit mir gesprochen!"

Da hustete sie noch etwas stärker, um ihm dennoch ein schlechtes Gewissen zu machen.

So kam es, dass der kleine Prinz, trotz seiner bereitwilligen Liebe, bald an

have his doubts about her. He had taken her trivial words seriously, and he became very unhappy.

*ihr zweifelte. Er hatte sich ihre belanglosen Worte zu Herzen genommen und wurde sehr unglücklich.*

— I shouldn't have listened to her, — he confided in me one day. — You should never listen to flowers. You must look at them and smell them. Mine filled my whole planet with perfume, but I couldn't enjoy it. That story of the claws, which upset me so much, should have filled me with tenderness.

He went on to say:

— I couldn't understand anything at all. I should have judged her by deeds, not words. She had a beautiful perfume and lit up my life. I should never have run away from her. I should have guessed at the tenderness beneath her pathetic strategies. Flowers are so inconsistent! But I was too young to know how to love her …

*„Ich hätte ihr nicht zuhören sollen, vertraute er mir eines Tages an, man sollte niemals auf Blumen hören. Man sollte sie ansehen und an ihnen riechen. Meine Blume erfüllte meinen Planeten mit ihrem Duft, aber ich konnte mich nicht daran erfreuen. Diese Geschichte mit den Krallen, die mich so verärgert hat, hätte mich mit Zärtlichkeit erfüllen sollen …"*

*Und er zog mich weiter ins Vertrauen:*

*„Ich habe damals nichts verstanden! Ich hätte sie nach ihren Taten und nicht nach ihren Worten beurteilen sollen. Sie betörte mich mit ihrem Duft und ihrem Strahlen! Ich hätte die Zärtlichkeit hinter ihren erbärmlichen Strategien erahnen müssen. Blumen sind so widersprüchlich! Aber ich war zu jung, um zu wissen, wie ich sie zu lieben hatte."*

# IX

I think he benefitted from a migration of wild birds to make his escape.

On the morning of his departure he tidied his whole planet beautifully. He carefully swept out all his active volcanoes. He had two active volcanoes. They were very convenient for warming up his breakfast every morning. He also had an extinct one. But, as he said, "You never know!" So he swept out the extinct one as well. If they have

*Ich glaube, er profitierte bei seiner Flucht von der Wanderung wilder Vögel.*

*Am Morgen der Abreise räumte er seinen Planeten gründlich auf. Er entrußte gewissenhaft seine aktiven Vulkane. Er besaß zwei aktive Vulkane. Die waren sehr praktisch, um morgens das Frühstück aufzuwärmen. Er besaß auch einen erloschenen Vulkan. Aber „Man kann nie wissen!", wie er sagte. Also entrußte er auch den erloschenen Vulkan. Sind die Vulkane gründlich entrußt, so*

been thoroughly swept, volcanoes burn gently and steadily, without any eruptions. Volcanic eruptions are like chimney fires. Clearly on our planet we are far too small to sweep out our volcanoes. That's why they cause us so much trouble.

*brennen sie schwach und gleichmäßig, ohne auszubrechen. Die Vulkanausbrüche sind wie Kaminbrände. Natürlich sind wir auf der Erde viel zu klein, um unsere Vulkane zu entrußen. Das ist auch der Grund, warum sie uns einen Haufen Ärger bereiten.*

The little prince also, a little wistfully, pulled up the final baobab shoots. He thought he would never have to come back. But that morning, all these familiar labours seemed to have a bittersweet feeling. And, when he watered the flower for the last time, and prepared to place her under

*Der kleine Prinz riss, etwas traurig, auch die letzten Affenbrotbaumtriebe aus. Er glaubte, nie wieder zurückzukehren zu müssen. Aber an diesem Morgen kamen ihm all diese vertrauten Handgriffe wunderschön vor. Und als er schließlich ein letztes Mal die Blume goss und sich anschickte, sie mit ihrer Glasglocke*

her glass cloche, he felt as if he wanted to cry.

— Goodbye, — he said to the flower.

But she made no reply.

— Goodbye, — he said again.

The flower coughed. But it wasn't because of her cold.

— I've been silly, — she told him at last. — Forgive me. Try to be happy.

He was surprised that she wasn't reproaching him. He stood still, quite disconcerted, the cloche in his hand. He didn't understand this quiet gentleness.

— Of course I love you, — the flower said to him. — You didn't know, and it's all my fault. That doesn't matter. But you were as silly as I was. Try to find happiness … you can put that cloche down. I don't want it any more.

— But the wind …

— My cold isn't as bad as all that … The cool night air will do me good. I'm a flower.

— But the animals …

— I have to put up with a few caterpillars if I want to get to know the butterflies. It seems they are so beautiful. If they don't come, who will visit me? You will be far away … As for large animals, I'm not in the least afraid of them. I've got my claws.

And, naïvely, she showed her four thorns. Then she added:

— Don't hang about like that, it bothers me. You've decided to leave. Off you go!

Because she didn't want him to see her crying. She was such a proud flower …

*abzudecken, da war ihm zum Weinen zumute.*

*„Leb wohl!", sagte er zu der Blume.*

*Aber sie antwortete ihm nicht.*
*„Leb wohl!" wiederholte er.*
*Die Blume hustete. Aber nicht wegen ihrer Erkältung.*

*„Ich habe mich dumm verhalten, — sagte sie schließlich. — Verzeih mir. Versuche glücklich zu sein!"*

*Er war überrascht, dass sie ihm keine Vorwürfe machte. So hielt er inne, ganz aus der Fassung gebracht und mit der Glasglocke in der Hand. Er verstand diese ruhige Sanftheit nicht.*

*„Aber natürlich liebe ich dich, — sagte die Blume zu ihm. — Du wusstest es nicht, das ist meine Schuld. Es ist nicht wichtig. Aber du warst genauso dumm wie ich. Versuche, glücklich zu sein … Lass diese Glocke in Ruhe. Ich will sie nicht mehr.*

*— Aber der Wind ….*

*— Ich bin gar nicht so erkältet … Die kühle Nachtluft wird mir gut tun. Ich bin eine Blume.*

*— Aber die Tiere …*

*— Ich muss zwei oder drei Raupen ertragen können, wenn ich einmal Schmetterlinge kennen lernen möchte. Sie scheinen so schön zu sein. Und wer würde mich besuchen, wenn sie nicht kommen? Du wirst weit weg sein. Wegen der großen Tiere habe ich keine Angst. Ich habe meine Krallen."*

*Und sie zeigte naiv ihre vier Dornen. Dann fügte sie hinzu:*

*„Trödel nicht so herum. Du hast entschieden fortzugehen. Geh schon."*

*Denn sie wollte nicht, dass er sie weinen sah. Sie war eine so stolze Blume …*

# X

He found himself in the region of Asteroids 325, 326, 327, 328, 329 and 330. So he started by visiting them, to find something to do and to educate himself.

The first one was inhabited by a King. The King, dressed in ermine and purple, sat on a throne that was at once very simple yet majestic.

Er befand sich in der Gegend um die Asteroiden 325, 326, 327, 328, 329 und 330. Also fing er damit an, sie zu besuchen, um sich dort eine Aufgabe zu suchen und sein Wissen zu erweitern.

Der erste Asteroid wurde von einem König bewohnt. Der König saß, ganz in Purpur und Hermelin gekleidet, auf einem schlichten, aber dennoch majestätischen Thron.

— Ah! I have a subject! — the King exclaimed, when he noticed the little prince.

And the little prince wondered:

"How can he recognise me when he has never seen me before!"

He didn't know that, for kings, the world is very simple. To them, everyone is their subject.

— Come closer so I can get a better look at you, — said the King, who was extremely proud to have a subject at last.

The little prince looked all over to find a place to sit down, but the planet was entirely filled up by the magnificent ermine robe. So he remained standing, and, since he felt tired, he gave a yawn.

— It's against etiquette to yawn in the presence of a King, — the monarch told him. — I forbid it.

— I can't help it, — replied the little prince, very confused. — I've travelled a long way and I haven't slept …

— All right then, — said the King, — I command you to yawn. I haven't seen anyone yawn for years. A yawn is an interesting and unusual thing for me. Go on! Yawn again. It's an order.

— That puts me off … I can't do it any more. — The little prince blushed as he spoke.

— Hm! Hm! — replied the King. — In that case I … I order you to yawn sometimes and sometimes …

He stuttered a bit and seemed cross.

For the King absolutely insisted

„Ah! Ein Untertan!“, rief der König, als er den kleinen Prinzen erblickte.

Und der kleine Prinz fragte sich:

„Wie kann er mich erkennen, wenn er mich noch nie zuvor gesehen hat?“

Er wusste nicht, dass die Welt für Könige ganz vereinfacht ist. Alle Menschen sind Untertanen.

„Komm näher, damit ich dich besser sehen kann“, sagte der König, der ganz stolz war, endlich jemandes König zu sein.

Der kleine Prinz blickte sich nach einer Sitzmöglichkeit um, aber der Planet war ganz eingenommen von dem wunderschönen Hermelinmantel. Er blieb also stehen und weil er müde war, gähnte er.

— Es ist gegen die Etikette in Anwesenheit eines Königs zu gähnen, — sagte der König. — Ich verbiete es dir.

— Ich kann nichts dagegen tun, — antwortete der kleine Prinz verwirrt. — Ich habe eine lange Reise hinter mir und habe nicht geschlafen …

— Dann, — sagte der König, — befehle ich dir zu gähnen. Ich habe seit Jahren niemanden gähnen sehen. Gähnen ist für mich eine Rarität. Los! Gähne noch einmal. Das ist ein Befehl.

— Das macht mir Angst … ich kann nicht mehr. — Der kleine Prinz wurde rot, als er sprach.

— Hm! Hm! — antwortete der König. — Dann … dann befehle ich dir manchmal zu gähnen und manchmal …“

Er stotterte ein bisschen und schien verärgert.

Denn der König bestand grundsätzlich

that his authority must be respected. He wouldn't tolerate disobedience. He was an absolute monarch. But, as he was very good-natured, he gave orders that were sensible.

He used to say: — If I ordered a general to change into a sea bird, and the general disobeyed, it wouldn't be the general's fault. It would be mine.

— May I sit down? — the little prince asked, timidly.

— I order you to sit down, — the King replied, majestically taking in a fold of his ermine robe.

But the little prince was puzzled. The planet was tiny. Over whom could the King really reign?
— Sire, — he asked him, — will you excuse me for asking you a question?
The King broke in hastily: — I order you to ask me a question.
— Sire ... what do you reign over?
— Over everything, — replied the King, — very simply.
— Everything?
The King made a sweeping gesture, taking in his planet, the other planets and the stars.
— Over all that? — said the little prince.

— All that, — the King replied.

Because not only was he an absolute monarch, but a universal one.

---

darauf, dass man seine Autorität achtete. Er duldete keinen Ungehorsam. Er war ein absoluter Monarch. Aber weil er so gut war, gab er vernünftige Befehle.

So sagte er gerne: „Wenn ich einem General befehlen würde, sich in einen Seevogel zu verwandeln und der General würde nicht gehorchen, dann wäre das nicht die Schuld des Generals. Es wäre meine Schuld."

„Kann ich mich setzen? — erkundigte sich der kleine Prinz schüchtern.

— Ich befehle dir, — dich zu setzen, — antwortete der König und zog majestätisch einen Zipfel seines Hermelinmantels heran.

Aber der kleine Prinz wunderte sich. Der Planet war winzig klein. Über was konnte der König eigentlich herrschen?

„Majestät, — sagte er zu ihm. — Ich bitte Euch, verzeiht meine Frage ...

— Ich befehle dir mich zu fragen, beeilte sich der König zu sagen.

— Majestät ... worüber herrscht Ihr?

— Ganz einfach über alles, antwortete der König.
— Alles?"

Mit einer ruhigen Geste wies er auf seinen Planeten, die anderen Planeten und die Sterne.

„Über all das? — fragte der kleine Prinz.
— Über all das ...", antwortete der König.

Denn er war nicht nur ein absoluter Monarch, sondern ein universeller Monarch.

— And do the stars obey you?

— Of course, — said the King.
— They do what I tell them at once. I won't tolerate any disobedience.

The little prince marvelled at such power. If he himself possessed this he could have observed not forty-four, but seventy-two or even a hundred or two hundred sunsets in the same day without even having to move his chair! And as this made him feel a little bit sad, remembering the planet he had left behind, he plucked up courage to ask a favour from the King.

— I'd love to see a sunset ... Please, do me a favour ... Order the sun to set.

— If I ordered a general to fly from one flower to another, like a butterfly, or to write a tragic play, or to change into a sea bird, and if the general failed to carry out the order I gave him, who would be in the wrong, him or me?

— It would be you, — said the little prince, firmly.

— Exactly. You must demand from each person what that person can give, — the King replied. — Authority is founded first and foremost upon reason. If you order your people to go and jump into the sea, it would start a revolution. It is because my orders are reasonable that I have the right to expect obedience.

— So what about my sunset? — the little prince reminded him, since he never forgot a question once he had asked it.

„Und die Sterne gehorchen Euch?

— Aber ja, — sagte der König. — Sie gehorchen auf der Stelle. Ich dulde keinen Ungehorsam.“

Eine solche Macht beeindruckte den kleinen Prinzen. Wäre sie die seine gewesen, so hätte er nicht nur vierundvierzig, sondern zweiundsiebzig, oder hundert, oder sogar zweihundert Sonnenuntergänge am selben Tag beobachten können, ohne dass er seinen Stuhl hätte bewegen müssen! Und weil er sich ein bisschen traurig fühlte, als er an seinen kleinen, zurückgelassenen Planeten dachte, fasste der kleine Prinz den Mut, den König um einen Gefallen zu bitten.

„Ich würde gerne einen Sonnenuntergang sehen ... Macht mir die Freude ... Befehlt der Sonne unterzugehen ...

— Wenn ich einem General befehlen würde, wie ein Schmetterling von einer Blume zur anderen zu fliegen, oder eine Tragödie zu schreiben, oder sich in einen Meeresvogel zu verwandeln, und der General würde den Befehl nicht befolgen, wer wäre dann im Unrecht, der General oder ich?

— Ihr wärt im Unrecht, — sagte der kleine Prinz bestimmt.

— Genau. Es gilt von jedem das zu verlangen, was jeder Einzelne geben kann, fuhr der König fort. Die Autorität ist mit der Vernunft begründet. Wenn du deinem Volk befiehlst sich ins Meer zu stürzen, wird es eine Revolution starten. Ich habe das Recht, Gehorsam zu verlangen, weil meine Befehle vernünftig sind.

— Und was ist nun mit meinem Sonnenuntergang? — erinnerte ihn der kleine Prinz, der niemals eine einmal gestellte Frage vergaß.

— You'll get your sunset. I'll insist on it. But, according to my understanding of how to rule, I'll wait until the conditions are favourable.

— When will that be? — enquired the little prince.

— Hm! Hm! — replied the King. First he consulted a big almanac, and then he said — Hm! Hm! This evening it will be at about … about … twenty to eight. Then you'll see how well I am obeyed!

The little prince yawned. He was sad about his missed sunset. And then he started to get a bit bored.

— There's nothing to do here, — he told the King. — I'm going away again!

— Don't go, — answered the King, who was so proud to have a subject. — Don't go, I'll make you a Minister!

— Minister of what?

— Minister of … Justice.

— But there isn't anyone to judge!

— You don't know that, — the King told him. — I haven't made a tour of my kingdom yet. I'm very old, there's no room for a carriage, and walking makes me tired.

— Oh! But I've seen it already, — said the prince, leaning over to glance again at the other side of the planet. — There's no-one down there, either.

— Well then, you can judge yourself, — the King replied. — That's the most difficult thing of all. It's much more difficult to make a judgment on yourself than on

— Du sollst ihn bekommen, deinen Sonnenuntergang. Ich werde ihn einfordern. Aber ich werde, entsprechend meiner Regierungsphilosophie, noch warten, bis die Bedingungen dafür günstig sind.

— Wann wird das sein? — erkundigte sich der kleine Prinz.

— Hm! Hm! — antwortete der König, der in einem schweren Kalender nachschlug, bevor er weitersprach. — Hm! Hm! Das wird gegen … gegen zwanzig vor acht sein! Und dann wirst du sehen, wie gut man mir gehorcht."

Der kleine Prinz gähnte. Es tat ihm Leid um den verpassten Sonnenuntergang. Außerdem langweilte er sich schon ein wenig:

„Ich habe hier nichts mehr zu tun, — sagte er zum König. — Ich werde aufbrechen!

— Geh nicht, antwortete der König, der so stolz war, einen Untertan zu haben. Geh nicht, ich ernenne dich zum Minister!

— Minister für was?

— Minister für … für Justiz!

— Aber hier gibt es niemanden, über den man urteilen müsste!

— Das wissen wir nicht, — sagte der König. — Ich habe noch nicht mein ganzes Königreich besucht. Ich bin sehr alt, für eine Kutsche habe ich keinen Platz und das Gehen strengt mich an.

— Oh! Aber ich habe es schon gesehen, — sagte der kleine Prinz und lehnte sich zur Seite, um noch einen Blick auf die andere Seite des Planeten zu werfen. — Dort drüben ist auch niemand.

— Du wirst also über dich selbst urteilen. Das ist das Allerschwerste. Es ist viel schwerer sich selbst zu beurteilen, als andere. Wenn es dir gelingt, ein

anyone else. If you can manage to judge yourself well, you're a truly wise person.

— Yes, — said the little prince, — But I can judge myself anywhere. There's no need to live here.

— Hm! Hm! — said the king. — I think that somewhere on my planet there's an old rat. I hear him at night. You can judge this old rat. Now and again you can sentence him to death. So his life will depend on your justice. But you'd have to pardon him every time. We have to spare him. It's the only one we've got.

— Personally, — answered the little prince, — I don't like death sentences, and I think I'm going to leave.

— No! — cried the King.

The little prince had now finished his travel arrangements, but he didn't want to hurt the King's feelings.

— If His Majesty wants to be obeyed promptly, he could give me a reasonable order. He could, for instance, order me to leave within one minute. I think the conditions are favourable …

The King said nothing, so the little prince hesitated at first, then off he went, with a sigh.

— I make you my ambassador! — the King called after him, hastily.

He had a splendid air of authority.

"Grown-ups are really very odd", said the little prince to himself, as he went on his way.

*gerechtes Urteil über dich selbst zu bilden, dann bist du wahrhaftig weise.*

*— Ich kann überall über mich selbst urteilen, — sagte der kleine Prinz. — Ich muss dazu nicht hier leben.*

*— Hm! Hm! — sagte der König. — Ich bin mir ziemlich sicher, dass es auf meinem Planten irgendwo eine alte Ratte gibt. Nachts kann ich sie hören. Du kannst über diese alte Ratte urteilen. Ab und zu kannst du sie zum Tode verurteilen. So wird ihr Leben von deiner Rechtsprechung abhängen. Aber du begnadigst sie jedes Mal, um sie zu verschonen. Es gibt nur diese eine.*

*— Mir gefällt es nicht Todesurteile zu sprechen, und ich glaube, ich werde mich auf den Weg machen.*

*— Nein!" sagte der König.*

*Aber der kleine Prinz war nun fertig mit seinen Vorbereitungen zur Abreise und er wollte den alten Monarchen nicht verletzen.*

*— Wenn Eure Majestät sofortigen Gehorsam wünscht, könnte Sie mir einen vernünftigen Befehl erteilen. Sie könnte mir beispielsweise befehlen, innerhalb von einer Minute abzureisen. Mir scheint, die Bedingungen dafür sind günstig …"*

*Weil der König keine Antwort gab, zögerte der kleine Prinz etwas und machte sich dann mit einem Seufzer auf den Weg …*

*„Ich mache dich zu meinem Botschafter", rief der König schließlich hastig.*

*Er strahlte eine große Autorität aus.*

*„Die großen Leute sind sehr seltsam", sagte der kleine Prinz zu sich selbst, während er seine Reise fortsetzte.*

# XI

The second planet was inhabited by a conceited man.

— Aha! Here is an admirer about to visit me! — cried the conceited man from far off, as soon as he saw the little prince coming.

Because, to conceited people, everyone must be an admirer.

— Good morning, — said the

*Der zweite Planet war von einem eingebildeten Mann bewohnt.*

*„Ah! Ah! Mich besucht ein Verehrer!“, rief der Eingebildete von weitem, als er den kleinen Prinzen bemerkte.*

*Denn für eingebildete Personen sind alle anderen Menschen Verehrer.*

*„Guten Tag, — sagte der kleine*

little prince. — You have a funny sort of hat.

— It's a hat for salutes, — the conceited man replied. — It's to raise in a salute when someone applauds me. Unfortunately, no-one ever comes along this way.

— Oh, yes? — said the little prince, who didn't understand.

So the conceited man suggested, — Clap your hands together.

The little prince clapped his hands together. The conceited man saluted him, modestly raising his hat.

"This is more fun than visiting the King", the little prince said to himself. And he started to clap his hands together, all over again. The conceited man started to salute him by raising his hat, all over again.

After five minutes of exercise, the little prince grew tired of this monotonous game.

— And what do you have to do to make the hat come down? — he asked.

But the conceited man didn't understand. Conceited men never listen to anything but words of praise.

— Do you really admire me so much? — he asked the little prince.

— What does 'admire' mean?

— Admire means recognising that I am the most handsome, the best dressed, the richest and the most intelligent man on the planet!

— But you're the only man on your planet!

— Do me this favour. Admire

*Prinz. — Das ist ein komischer Hut, den Sie da tragen.*

*— Den habe ich zum Grüßen, — antwortete der Eingebildete. — Ich habe den Hut um zu grüßen, wenn man mir zujubelt. Leider kommt hier nie jemand vorbei.*

*— Ach so? — Sagte der kleine Prinz verständnislos.*

*— Klatsche mit der einen Hand gegen die andere", riet ihm der Eingebildete.*

*Der kleine Prinz schlug seine beiden Hände zusammen. Der Eingebildete grüßte bescheiden, indem er den Hut hob.*

*„Das ist spaßiger als der Besuch beim König", sagte sich der kleine Prinz. Und er fing wieder an in die Hände zu klatschen. Der Eingebildete grüßte wieder indem er den Hut hob.*

*Nach fünf Minuten begann die Eintönigkeit der Übung den kleinen Prinzen zu langweilen.*

*„Und was muss man tun, damit der Hut zu Boden fällt?" fragte er.*

*Aber der Eingebildete hörte ihn nicht. Eingebildete Leute hören nichts als Lobpreisungen.*

*„Bewunderst du mich wahrhaftig sehr? — fragte er den kleinen Prinzen.*

*— Was bedeutet das, 'bewundern'?*

*— Bewundern bedeutet, zu erkennen, dass ich der schönste, am besten gekleidete, reichste und intelligenteste Mensch auf dem Planeten bin.*

*— Aber du bist der einzige Mensch auf dem Planeten!*

*— Mach mir die Freude. Bewundere*

me all the same!

— I admire you, — the little prince said with a slight shrug of his shoulders. — But why is this so important to you?

And the little prince went on his way.

"Grown-ups really are decidedly odd", he said to himself, as he went on his way.

*mich trotzdem!*

*— Ich bewundere dich, — sagte der kleine Prinz und zuckte leicht mit den Schultern. — Aber warum kümmert dich das?"*

*Dann zog der kleine Prinz weiter.*

*„Die großen Leute sind wirklich sehr seltsam", sagte sich der kleine Prinz bei der Weiterreise.*

# XII

The next planet was inhabited by a drinker. This was a very short visit, but it plunged the little prince into a deep depression.

— What are you doing there? — he asked the drinker, who was sitting in silence before a collection of empty bottles and a collection of full ones.

— I'm drinking, — the drinker replied, with a lugubrious air.

— Why are you drinking? — asked the little prince.

— To forget, — the drinker replied.

*Der nächste Planet wurde von einem Trinker bewohnt. Es war ein sehr kurzer Besuch, aber er stürzte den kleinen Prinzen in eine tiefe Traurigkeit:*

*„Was machst du da? — sagte er zum Trinker, der sich still vor einer Ansammlung leerer und voller Flaschen eingerichtet hatte.*

*— Ich trinke, — sagte der Trinker schwermütig.*

*— Warum trinkst du? — fragte ihn der kleine Prinz.*

*— Um zu vergessen, — antwortete der Trinker.*

— To forget what? — the little prince enquired. He was already feeling sorry for him.

— To forget how ashamed I am, — confessed the drinker, bowing his head.

— Ashamed of what? — the little prince went on, wanting to help him.

— Ashamed of drinking! — finished the drinker, and enveloped himself in total silence.

And the little prince went on his way, very puzzled.

"Grown-ups are decidedly very, very odd", he said to himself as he went on his way.

*— Um was zu vergessen? — erkundigte sich der kleine Prinz, der den Trinker schon bedauerte.*

*— Um zu vergessen, dass ich mich schäme, — gestand der Trinker und ließ den Kopf hängen.*

*— Wofür schämst du dich? — wollte der kleine Prinz wissen, da er ihm helfen wollte.*

*— Ich schäme mich zu trinken!" schloss der Trinker, der sich nun endgültig in Schweigen hüllte.*

*Und der kleine Prinz zog ratlos weiter.*

*„Die großen Leute sind wirklich sehr, sehr seltsam", sagte sich der kleine Prinz bei der Weiterreise.*

# XIII

The fourth planet belonged to a businessman. This man was so busy he didn't even look up when the little prince arrived.

— Good morning, — the prince said to him. — Your cigarette has gone out.

— Three and two make five. Five and seven, twelve. Twelve and three, fifteen. Good morning. Fifteen and seven, twenty-two. Twenty-two and six, twenty-eight. No time to light up. Twenty-six and five, thirty-one. Phew! That makes five hundred and one million seven hundred and thirty-one.

— Five hundred million what?

— Eh? You still there? Five hundred and one million … I don't know any more … I've got so much to do! I'm a serious minded man. I can't spend my time on trivialities. Two and five make seven …

*Der vierte Planet gehörte einem Geschäftsmann. Dieser Mann war so beschäftigt, dass er bei der Ankunft des kleinen Prinzen, nicht einmal den Kopf hob.*

*„Guten Tag, — sagte der kleine Prinz. — Ihre Zigarette ist erloschen.*

*— Drei und zwei macht fünf. Fünf und sieben, zwölf. Zwölf und drei, fünfzehn. Guten Tag. Fünfzehn und sieben, zweiundzwanzig. Zweiundzwanzig und sechs, achtundzwanzig. Keine Zeit eine neue anzuzünden. Sechsundzwanzig und fünf, einunddreißig. Uff! Das macht also fünfhundertundeine Million sechshundertzweiundzwanzigtausend siebenhunderteinunddreißig.*

*— Fünfhundertundeine Million was?*

*— Hä? Du bist immer noch da? Fünfhundertundeine Million … ich weiß nicht mehr … Ich habe so viel zu tun! Ich bin ein ernster Mann. Ich vergeude meine Zeit nicht mit Unsinn! Zwei und fünf macht sieben …*

— Five hundred million what?
— the little prince asked again.
Never in his life had he let a
question go, once it had been asked.

The businessman looked up.

— In all the fifty-four years that
I've lived on this planet I've only been
disturbed three times. The first time it
happened, twenty-two years ago, was
when a cockchafer fell down from
God knows where. He made a
terrible noise and I made four
mistakes in my addition. The second
time it happened, eleven years ago, I
had an attack of rheumatism. I don't
get enough exercise. I haven't the
time to go for walks. I'm a serious-
minded man. The third time, well this
is it! So, as I was saying, five hundred
and one million ...

— Millions of what?

The businessman realised that
he had no hope of being left in
peace.

— Millions of those little things
you sometimes see in the sky.

— Flies?

— No, those little shiny things.

— Bees?

— No, those little golden things
that good-for-nothings dream
about. But I'm a serious-minded
man. I haven't the time to
daydream.

— Ah! The stars.

— That's it. Stars.

— And what are you doing with
five hundred million stars?

— Five hundred and one
million, six hundred and twenty-two
thousand, seven hundred and thirty-
one. Me, I'm serious-minded, I'm
precise.

— And what do you do with
these stars?

— Fünfhundertundeine Million
was?", wiederholte der kleine Prinz, der in
seinem ganzen Leben noch nie von einer
einmal gestellten Frage abgelassen hatte.

Der Geschäftsmann hob den Kopf:

„Seit vierundfünfzig Jahren lebe ich
auf diesem Planeten und ich wurde erst
dreimal gestört. Das erste Mal war vor
zweiundzwanzig Jahren durch einen
Maikäfer, der Gott weiß woher kam. Er
verbreitete einen entsetzlichen Lärm und
ich machte vier Fehler bei der Addition.
Das zweite Mal war vor elf Jahren durch
Rheuma. Ich mache nicht genug Sport. Ich
habe keine Zeit für Spaziergänge. Ich bin
ein ernster Mann. Und jetzt ... das dritte
Mal! Ich sagte also fünfhundertundeine
Million ...

— Million was?"

Dem Geschäftsmann wurde klar, dass
er nicht in Ruhe gelassen werden würde,
bevor er diese Frage nicht beantwortete:

„Millionen von den kleinen Dingern,
die man manchmal am Himmel sieht.

— Fliegen?

— Nicht doch, kleine Dinger die
leuchten.

— Bienen?

— Aber nein. Kleine goldene Dinger,
die Faulenzer zum träumen bringen.
Aber ich bin ernst! Ich habe keine Zeit
um vor mich hin zu träumen.

— Ah! Sterne?

— Ja, richtig. Sterne.

— Und was machst du mit
fünfhundert Millionen Sternen?

— Fünfhundertundeine Million
sechshundertzweiundzwanzigtausend
siebenhunderteinunddreißig. Ich bin ernst,
ich bin genau.

— Und was machst du mit diesen
Sternen?

— What do I do with them?

— Yes.

— Nothing. They belong to me.

— The stars belong to you?

— Yes.

— But I've already met a King who …

— Kings don't own things. They 'reign' over them. It's quite different.

— And what good does it do you to own the stars?

— The good is that it makes me rich.

— And what good does it do you to be rich?

— I can buy more stars, if anyone finds them.

The little prince said to himself: "This man's reasoning is a bit like my drinker's".

All the same, he asked a few more questions.

— How is possible for someone to own the stars?

— Who do they belong to? — came the businessman's grumpy reply.

— I don't know. They don't belong to anyone.

— So they belong to me, because I thought of it first.

— Is that all?

— Of course. When you find a diamond that doesn't belong to anyone, it's yours. When you find an island that doesn't belong to anyone, it's yours. When you're the first to think of something, you take out a patent on it: it belongs to you. And the stars belong to me, because no-one has ever thought of owning them before.

— That's true, — said the little prince. — And what do you do with them?

— Was ich damit mache?

— Ja.

— Nichts. Ich besitze sie.

— Du besitzt die Sterne?

— Ja.

— Aber ich habe schon einen König gesehen der ...

— Die Könige besitzen nichts. Sie ‚herrschen‘ über alles. Das ist etwas ganz anderes.

— Und was hast du davon, die Sterne zu besitzen?

— Das Gute ist, dass es mich reich macht.

— Und was hast du davon, reich zu sein?

— So kann ich noch mehr Sterne kaufen, wenn jemand sie entdeckt.“

„Der denkt wie mein Trinker“, sagt der kleine Prinz zu sich selbst.

Dennoch stellte er ihm noch weitere Fragen:

„Wie kann man Sterne besitzen?

— Wem gehören sie? — hielt ihm der Geschäftsmann mürrisch entgegen.

— Ich weiß nicht. Niemandem.

— Also gehören sie mir, weil ich zuerst daran gedacht habe.

— Das genügt schon?

— Natürlich. Wenn du einen herrenlosen Diamanten findest, dann gehört er dir. Wenn du eine Insel entdeckst, die niemandem gehört, dann ist sie dein. Wenn du als erster eine Idee hast, dann lässt du sie patentieren: sie gehört dir. Und ich besitze die Sterne, da nun einmal niemand zuvor daran gedacht hat, sie zu besitzen.

— Das ist wahr, — sagte der kleine Prinz. — Und was tust du mit ihnen?

— I manage them. I count them, over and over again, — said the businessman. — It isn't easy. But I'm a serious-minded man.

The little prince still wasn't satisfied.

— I've got a scarf, I can put it round my neck and take it away with me. If I owned a flower, I could pick my flower and take it away. But you can't pick the stars.

— No, but I can put them in the bank.

— What does that mean?

— It means that I write down the number of stars I have on a piece of paper. Then I lock that piece of paper up in a drawer.

— And that's all?

— It's enough!

"How funny", thought the little prince. "It's quite poetic. But it doesn't really matter."

The little prince had very different ideas on what mattered from grown-ups.

— Personally, — he said, — I own a flower that I water every day. I own three volcanoes that I sweep out every week. Because I sweep out the extinct one too. You never know. I do some good to my flower and some good to my volcanoes by owning them. But you do no good to the stars …

The businessman opened his mouth but he couldn't find anything to reply, so the little prince went away.

He just said to himself: "Grown-ups really are quite extraordinary!" as he went on his way.

— *Ich verwalte sie. Ich zähle sie und zähle noch einmal nach,* — *sagte der Geschäftsmann.* — *Das ist nicht einfach. Aber ich bin ein ernster Mann.* "

*Der kleine Prinz war noch nicht zufrieden.*

*„Wenn ich einen Schal besitze, kann ich ihn um meinen Hals legen und ihn mitnehmen. Wenn ich eine Blume besitze, dann kann ich sie pflücken und mitnehmen. Aber du kannst die Sterne nicht aufsammeln!*

— *Nein, aber ich kann sie auf die Bank bringen.*

— *Was soll das bedeuten?*

— *Das heißt, dass ich die Anzahl meiner Sterne auf ein kleines Stück Papier schreibe. Und dann schließe ich dieses Papier in einer Schublade ein.*

— *Und das ist alles?*

— *Das genügt!* "

*„Das ist unterhaltsam,* — *dachte sich der kleine Prinz.* — *Das ist ziemlich poetisch. Aber es spielt keine wirkliche Rolle.* "

*Der kleine Prinz dachte ganz anders als die großen Leute über ernsthafte Dinge.*

*„Ich besitze eine Blume,* — *sagte der kleine Prinz,* — *die ich jeden Tag gieße. Ich besitze drei Vulkane, die ich jede Woche entruße. Denn ich entruße auch den erloschenen Vulkan. Man kann nie wissen. Es nützt meinen Vulkanen und es nützt meiner Blume, dass ich sie besitze. Aber du bist den Sternen nicht nützlich …* "

*Der Geschäftsmann öffnete den Mund, aber ihm fiel nichts ein, was er hätte erwidern können und der Prinz zog weiter.*

*„Die großen Leute sind wirklich ganz sonderbar",* *sagte sich der kleine Prinz, als er seine Reise fortsetzte.*

# XIV

The fifth planet was most curious. It was the smallest of all. There was just enough room to put a lamp and a lamplighter. The little prince could not find any explanation of what good a lamp and a lamplighter could do, somewhere up in the sky, on a planet with no houses or people on it. All the same, he said to himself:

"It could well be that this man is ridiculous. Even so, he is not as ridiculous as the King, the conceited man, the businessman or the drinker. At least his work has some point to it. When he lights his lamp, it's as if he's giving birth to another star, or a flower. When he puts his lamp out, he sends the flower or the star to sleep. It's a very lovely occupation. Because it's lovely, it's truly useful."

When he alighted on the planet, he greeted the lamplighter with respect.

— Good morning. Why have you just put out your lamp?

— Those are my orders, — the lamplighter replied. — Good morning.

— What orders?

— To put out my lamp. Good evening.

And he lit it again.

— But why have you just lit it again?

*Der fünfte Planet war sehr merkwürdig. Er war von allen der Kleinste. Es war gerade genug Platz, um eine Straßenlaterne und einen Laternenanzünder unterzubringen. Der kleine Prinz konnte sich nicht erklären, wozu die Laterne und der Laternenanzünder dienen könnten, irgendwo am Himmel, auf einem Planeten ohne Häuser und ohne Bewohner. Dennoch sagte er sich:*

*„Mag sein, dass dieser Mann absurd ist. Doch ist er weniger absurd als der König, der Eingebildete, der Geschäftsmann und der Trinker es sind. Zumindest hat seine Arbeit einen Sinn. Wenn er seine Laterne anzündet, dann ist es so, als ob er einen neuen Stern zum Leben erweckt, oder eine Blume. Wenn er seine Laterne löscht, dann lässt er die Blume oder den Stern einschlafen. Das ist eine sehr schöne Beschäftigung. Es ist wirklich nützlich, weil es schön ist."*

*Als er auf dem Planeten ankam, grüßte er den Anzünder voller Respekt:*

*„Guten Tag. Warum hast du gerade deine Laterne gelöscht?*

*— So sind die Anweisungen, — antwortete der Anzünder. — Guten Morgen.*

*— Was für Anweisungen?*

*— Dass ich meine Laterne löschen soll. Guten Abend."*

*Und er zündete seine Laterne wieder an.*

*„Aber warum hast du die Laterne gerade wieder angezündet?*

— Those are my orders, — replied the lamplighter.

— I don't understand, — said the little prince.

— There's nothing to understand, — said the lamplighter. — Orders are orders. Good morning.

— Das sind meine Anweisungen, — antwortete der Anzünder.

— Ich verstehe nicht, — sagte der kleine Prinz.

— Da gibt es nichts zu verstehen, — sagte der Anzünder. — Anweisungen sind Anweisungen. Guten Morgen."

And he put out his lamp.

Then he mopped his forehead with a red check handkerchief.

— I have a terrible job. It used

Und er löschte seine Laterne.

Dann wischte er sich die Stirn mit einem rot karierten Taschentuch.

„Ich übe einen schrecklichen Beruf

to be all right. I put them out in the morning and lit them in the evening. I had the rest of the day to relax and the rest of the night to sleep …

— And have the orders changed since then?

— The orders haven't changed, — said the lamplighter. — That's the real tragedy! Year on year the planet has been turning more quickly, and the orders are still the same!

— So? — said the little prince.

— So now it turns round once a minute, I don't have a moment's rest. I have to light the lamp and put it out once every minute.

— That's funny! Your days only last a minute!

— It's not funny at all, — said the lamplighter. — A month has gone by already since we've been talking to each other.

— A month?

— Yes. Thirty minutes. Thirty days! Goodnight.

And he lit up his lamp again.

The little prince watched him and he loved this lamplighter who was so faithful to his orders. He remembered the sunsets that he himself used to gaze at, moving his chair. He wanted to help his friend.

— You know … I've thought of a way you can rest whenever you want to …

— I want to all the time, — said

*aus. Früher war er vernünftig. Morgens löschte ich die Laterne und am Abend zündete ich sie an. Ich konnte mich für den Rest des Tages ausruhen und den Rest der Nacht schlafen ...*

*— Und die Anweisungen haben sich seitdem geändert?*

*— Die Anweisungen haben sich nicht geändert, — sagte der Anzünder. — Das ist ja das Schlimme! Von Jahr zu Jahr hat sich der Planet immer schneller gedreht, aber die Anweisungen wurden nicht geändert!*

*— Und nun? — fragte der kleine Prinz.*

*— Nun dreht sich der Planet einmal in der Minute und ich habe keine Sekunde mehr zum Ausruhen. Ich zünde einmal an und lösche einmal pro Minute!*

*— Das ist lustig! Hier bei dir dauert ein Tag nur eine Minute!*

*— Das ist überhaupt nicht lustig, — sagte der Anzünder. — Wir sprechen schon seit einem Monat miteinander.*

*— Ein Monat?*

*— Ja. Dreißig Minuten. Dreißig Tage! Gute Nacht."*

*Er zündete seine Laterne an.*

*Der kleine Prinz sah ihn an und er empfand eine Menge Zuneigung für diesen Anzünder, der sich so gewissenhaft an die Anweisungen hielt. Er erinnerte sich an die Sonnenuntergänge, die er sich früher angesehen hatte, einfach indem er seinen Stuhl verrückte. Er wollte seinem Freund helfen:*

*„Weißt du ... ich wüsste, wie du dich ausruhen könntest wann immer du willst ...*

*— Ich will mich ständig ausruhen,*

the lamplighter.

Because it is possible to be both faithful and lazy at the same time.

The little prince went on:

— Your planet is so small that you can go around it in three strides. You only have to walk quite slowly to stay in the sun all the time. When you want to rest, you can walk, and the day will last as long as you want it to.

— That doesn't get me very far, — said the lamplighter. — The one thing I like to do in life is sleep.

— That's bad luck, — said the little prince.

— It's bad luck, — agreed the lamplighter. — Good morning.

And he put out his lamp.

"That one", said the little prince to himself as he went on his way, "would be despised by all the others, by the King, the conceited man, the drinker, the businessman. All the same, he's the only one that I don't find ridiculous. Perhaps that's because he thinks of something other than himself."

He heaved a sigh of regret, and said to himself again:

"That man is the only one I could have made friends with. But his planet really is too small. It has no room on it for two people …"

What the little prince didn't dare admit to himself was how sad he was to leave this planet, and, above all, the one thousand four hundred and forty sunsets every twenty-four hours!

*— sagte der Anzünder.*

*Man kann nämlich gewissenhaft und faul zur gleichen Zeit sein.*

*Der kleine Prinz fuhr fort:*

*„Dein Planet ist so klein, dass du ihn in drei Schritten umrunden kannst. Du musst nur ganz langsam gehen, um dauernd in der Sonne zu bleiben. Wenn du dich ausruhen willst, musst du einfach nur gehen … und der Tag dauert so lange, wie du möchtest.*

*— Das bringt mir nicht viel, — sagte der Anzünder. — Was ich am liebsten tue, ist schlafen.*

*— Dann hast du kein Glück, — sagte der kleine Prinz.*

*— Ich habe kein Glück, — sagte der Anzünder. — Guten Morgen."*

*Er zündete seine Laterne an.*

*„Dieser hier, — sagte sich der kleine Prinz während seiner Weiterreise, — diesen hier würden all die anderen verachten, sie alle, der König, der Eingebildete, der Trinker und der Geschäftsmann. Und doch ist er der Einzige, der mir nicht lächerlich erscheint. Das kommt vielleicht daher, dass er sich mit etwas anderem als mit sich selbst beschäftigt."*

*Er seufzte traurig und sagte sich noch:*

*„Das ist der Einzige, den ich zu meinem Freund hätte machen können. Aber sein Planet ist wirklich zu klein. Es gibt nicht genug Platz für zwei Leute …"*

*Der kleine Prinz wollte sich nicht eingestehen, dass er vor allem aufgrund der eintausendvierhundertundvierzig Sonnenuntergänge in vierundzwanzig Stunden bedauerte, diesen gesegneten Planeten verlassen zu müssen!*

# XV

The sixth planet was a planet that was ten times greater. It was inhabited by an elderly gentleman, who wrote huge books.

— Oh, look! Here comes an explorer! — he exclaimed, as soon as he saw the little prince.

The little prince sat on the table, rather out of breath. He'd been travelling such a long way by now!

— Where did you spring from? — enquired the elderly gentleman.

— What's that great, big book? — said the little prince. — What do you do here?

— I'm a geographer, — said the

*Der sechste Planet war zehnmal so groß. Er wurde von einem alten Mann bewohnt, der riesige Bücher schrieb.*

*„Sieh an! Ein Entdecker!", rief er, als er den kleinen Prinzen sah.*

*Der kleine Prinz setzte sich auf den Tisch und schnaufte ein bisschen. Er war schon so lange und so weit gereist!*

*„Woher kommst du? — fragte ihn der alte Mann.*

*— Was ist das für ein dickes Buch? — fragte der kleine Prinz. — Was tun Sie hier?*

*— Ich bin Geograf, — antwortete der*

elderly gentleman.

— What's a geographer?

— A geographer is a scholar who knows where to find the seas, rivers, towns, mountains and deserts.

— That's so very interesting, — said the little prince. — That's a real vocation at last. — And he glanced all around him at the geographer's planet. He had never seen such a majestic planet before.

— Your planet is very beautiful. Does it have oceans?

— I can't know that, — said the geographer.

— Oh! (The little prince was disappointed.) And mountains?"

— I can't know that, — said the geographer.

— And cities, and rivers, and deserts?

— I can't know that, either, — said the geographer.

— But you're a geographer!

— That's right, — the geographer said. — But I'm not an explorer. There are no explorers here at all. Geographers don't go out and count the towns, the rivers, the seas, the oceans, or the deserts. Geographers are much too important to stroll around. They never leave the office. But they interviews the explorers. They asks them questions, and makes a note of what they remember. And, if one of them remembers something that seems interesting, geographers do an investigation into his or her moral character.

*alte Mann.*

*— Was ist ein Geograf?*

*— Das ist ein Gelehrter, der weiß wo sich die Meere, die Flüsse, die Städte, die Berge und die Wüsten befinden.*

*— Das ist sehr interessant, — sagte der kleine Prinz. — Das ist endlich mal ein richtiger Beruf!" Er blickte sich auf dem Planeten des Geografen um. Er hatte noch nie so einen stattlichen und erhabenen Planeten gesehen.*

*„Ihr Planet ist sehr schön. Gibt es hier denn auch Ozeane?*

*— Das kann ich nicht wissen, — sagte der Geograf.*

*— Oh! (Der kleine Prinz war enttäuscht.) Und Berge?*

*— Das kann ich nicht wissen, — sagte der Geograf.*

*— Und Städte und Flüsse und Wüsten?*

*— Das kann ich auch nicht wissen, — sagte der Geograf.*

*— Aber Sie sind Geograf!*

*— Das stimmt, — sagte der Geograf, — aber ich bin kein Entdecker. Es gibt hier keine Entdecker. Geografen gehen nicht los und zählen die Städte, Flüsse, Berge, Meere, Ozeane und Wüsten. Geografen sind viel zu wichtig um durch die Gegend zu spazieren. Sie verlassen ihr Büro nicht. Aber sie empfangen dort Entdecker. Sie stellen ihnen Fragen und machen sich Notizen. Und wenn sich einer von ihnen an etwas erinnert, was dem Geografen interessant erscheint, dann befragt er den Entdecker zu seiner moralischen Gesinnung.*

— Why is that?

— Because an untruthful explorer would be a disaster for the geography books. So would an explorer who drank too much.

— Why is that? — repeated the little prince.

— Because people who are drunk see double. So the geographer would note down two mountains where there is only one.

— I know someone who would make a bad explorer, — said the little prince.

— Possibly. So, if the explorer's moral character seems fine, we do an investigation into his discovery.

— You go and look at it?

— No. That would be too difficult. But we require the explorer to supply proofs. For instance, if it's a question of discovering a large mountain, he's expected to bring back large stones from it.

The geographer suddenly became very excited.

— But you, you come from far away! You're an explorer! You can describe your planet to me!

And the geographer opened his large register and sharpened his pencil. Explorers' details were always noted down first in pencil. Waiting for proofs that had to be supplied before they could be written down in ink.

— Well? — said the geographer.

— Oh! where I live, — said the little prince, — it's not very

— Warum das?

— Weil ein lügender Entdecker eine Katastrophe für Geografiebücher wäre. Genauso wie ein Entdecker, der zu viel getrunken hat.

— Warum das? — fragte der kleine Prinz wieder.

— Weil Trinker doppelt sehen. So würde der Geograf zwei Berge notieren, obwohl es eigentlich nur einen gibt.

— Ich kenne jemanden, — sagte der kleine Prinz, — der einen schlechten Entdecker abgeben würde.

— Das ist gut möglich. Wenn dann die moralische Gesinnung des Entdeckers für gut befunden wurde, befragt man ihn zu seiner Entdeckung.

— Man sieht sie sich an?

— Nein. Das ist zu kompliziert. Aber man verlangt vom Entdecker, dass er Beweise vorlegt. Wenn es sich beispielsweise um die Entdeckung eines großen Berges handelt, verlangt man, dass er große Steine von dort mitbringt."

Der Geograf wurde plötzlich ganz aufgeregt.

„Aber du, du kommst von weit her! Du bist ein Entdecker! Du wirst mir deinen Planeten beschreiben!"

Und der Geograf, der sein Buch geöffnet hatte, spitzte seinen Bleistift. Zuerst werden die Berichte der Entdecker mit Bleistift aufgeschrieben. Erst wenn der Entdecker Beweise vorgelegt hat, werden sie mit Tinte geschrieben.

„Nun? — fragte der Geograf.

— Oh! Mein Zuhause ist nicht sehr interessant, es ist ganz klein. Ich habe drei

interesting, it's all so small. I have three volcanoes. Two active volcanoes, and one extinct one. But you never know.

— You never know, — agreed the geographer.

— I have a flower, too.

— We don't make a note of flowers, — said the geographer.

— Why not? It's the prettiest thing of all.

— Because flowers are ephemeral.

— What does 'ephemeral' mean?

— Geography books, — explained the geographer, — are the most profound books of all. They never go out of fashion. It's very rare for a mountain to change its position. It is very rare for an ocean to lose all its water. We write about things that are eternal.

— But extinct volcanoes could come to life again, — the little prince interrupted. — What do you mean by 'ephemeral'?

— Whether the volcanoes are extinct or active, for us it comes to the same thing, — said the geographer. — All that matters to us is that they are mountains. That never changes.

— But what do you mean by 'ephemeral'? — the little prince repeated, who in all his life had never let a question go once it had been asked.

— It means 'likely to disappear before very long'.

— My flower may disappear

*Vulkane. Zwei aktive Vulkane und einen erloschenen Vulkan. Aber man kann nie wissen.*

*— Man kann nie wissen, — stimmte der Geograf zu.*

*— Ich habe auch eine Blume.*

*— Wir zeichnen keine Blumen auf, — sagte der Geograf.*

*— Warum das? Das ist das Schönste!*

*— Weil Blumen ephemer sind.*

*— Was bedeutet das: ‚ephemer‘?*

*— Erdkundebücher sind die ernsthaftesten aller Bücher. Sie kommen niemals aus der Mode. Es kommt sehr selten vor, dass ein Berg seine Position verändert. Es kommt sehr selten vor, dass ein Ozean sein Wasser verliert. Wir schreiben über Dinge für die Ewigkeit.*

*— Aber erloschene Vulkane können wieder aufwachen, unterbrach ihn der kleine Prinz. Was bedeutet das, ‚ephemer‘?*

*— Ob die Vulkane erloschen oder wach sind, das macht für uns keinen Unterschied, — sagte der Geograf. — Für uns zählt nur der Berg. Er verändert sich nicht.*

*— Aber was bedeutet ‚ephemer‘? — wiederholte der kleine Prinz, der in seinem ganzen Leben noch nie von einer einmal gestellten Frage abgelassen hatte.*

*— Das bedeutet ‚bedroht von baldigem Verschwinden‘.*

*— Meine Blume ist von baldigem*

before very long?

— Certainly.

"My flower is ephemeral", the little prince said to himself, "and she only has four thorns to protect her against the whole world! And I have left her all alone on my planet!"

These were his first stirrings of regret. But he took heart again.

— Where would you advise me to visit next? — he asked.

— The planet Earth, — the geographer replied. — It's got a good reputation.

And the prince went on his way, dreaming of his flower.

*Verschwinden bedroht?*

*— Aber ja.“*

*„Meine Blume ist ephemer“, sagte sich der kleine Prinz, „sie hat nur vier Dornen um sich gegen die Welt zu verteidigen! Und ich habe sie ganz alleine bei mir zuhause zurückgelassen!“*

*Das war das erste Mal, dass er Reue verspürte. Aber er nahm noch einmal all seinen Mut zusammen:*

*„Welchen Ort würden Sie mir raten, als nächstes zu besuchen? — fragte er.*

*— Den Planeten Erde, antwortete ihm der Geograf. Er hat einen guten Ruf…“*

*Und der kleine Prinz reiste weiter und träumte von seiner Blume.*

# XVI

So the seventh planet he visited was the Earth.

Earth isn't just any other planet! It has one hundred and eleven kings (not forgetting, of course, the African kings), seven thousand geographers, nine hundred thousand businessmen, seven and a half million drinkers, three hundred and eleven million conceited men, which means around two billion grown-ups.

To give you an idea of the size of the Earth, I can tell you that before electricity was invented, on all the continents put together they had to maintain a veritable army of four hundred and sixty-two thousand, five hundred and eleven lamplighters.

Seen from a short distance away, the effect was spectacular. The movements of this army were choreographed like those of a ballet at the opera. First came the turn of lamplighters from New Zealand and Australia. Then, when their lamps were lit, they went away and slept. Next in turn for the dance came lamplighters from China and Siberia. Then they too in their turn vanished into the wings. Then came the turn of the lamplighters from Russia and India. Then the ones from Africa and Europe. Then the ones from South America. Then the ones from North America. And they never put a foot wrong in their order of coming on stage. It was magnificent.

*Der siebte Planet war also die Erde.*

*Die Erde ist kein x-beliebiger Planet! Es gibt dort einhundertelf Könige (selbstverständlich nicht zu vergessen, darunter die afrikanischen Stammeshäuptlinge), siebentausend Geografen, neunhunderttausend Geschäftsmänner, siebeneinhalb Millionen Trinker und dreihundertelf Millionen Eingebildete, das heißt also ungefähr zwei Milliarden große Leute.*

*Damit ihr euch ungefähr vorstellen könnt, wie groß die Erde ist, lasst euch gesagt sein, dass man dort vor der Erfindung der Elektrizität über sechs Kontinente verteilt eine wahre Armee von vierhundertzweiundsechzigtausend fünfhundertundelf Laternenanzündern beschäftigen musste.*

*Aus einiger Entfernung ergab das ein prächtiges Spektakel. Die Bewegungen dieser Armee wurden dabei wie bei einem Ballett in der Oper geregelt. Zuerst waren die Laternenanzünder in Neuseeland und Australien an der Reihe. Nachdem sie ihre Laternen angezündet hatten, gingen sie schlafen. Danach waren die Laternenanzünder aus China und Sibirien an der Reihe zu tanzen. Dann zogen auch sie sich zurück. Nun waren die Laternenanzünder Russlands und Indiens dran. Darauf folgten die in Afrika und Europa. Dann die aus Südamerika. Gefolgt von denen Nordamerikas. Und niemals machten sie einen Fehler bei der Reihenfolge, in der sie die Bühne betraten. Es war großartig.*

Only the single lamplighter from the North Pole and his counterpart, the single lamplighter from the South Pole, led a leisurely and carefree existence: they only had to work twice a year.

*Nur der Anzünder der einzigen Laterne des Nordpols und sein Kollege der einzigen Laterne des Südpols führten ein gelassenes und müßiges Leben: sie arbeiteten nur zwei Mal im Jahr.*

# XVII

When someone wants to be witty, they may tell a few untruths. I haven't been entirely honest in what I told you about lamplighters. I run the risk of giving a false idea of our planet to those who are strangers to it. Men take up very little space on the planet. If the two billion people who inhabit the Earth all stood up, rather squashed together, as if they were at a meeting, they would easily fit into a public place twenty miles long and twenty miles wide. You could pile the whole of humanity on a tiny little island in the pacific.

Of course, grown-ups would not believe this. They imagine they take up plenty of space. They think they are important, like the baobabs. So you will have to advise them to work it out for themselves. They love figures: they'd enjoy that. But don't you waste your time on this chore. It's futile. You trust me.

Once he reached the Earth, the little prince was very surprised not to see anyone. He was beginning to be afraid he had got the wrong planet, when a circle the colour of moonlight slithered across the sand.

*Wenn man geistreich sein möchte, dann kommt es vor, dass man es mit der Wahrheit nicht so genau nimmt. Ich war nicht ganz ehrlich, als ich euch von den Laternenanzündern erzählt habe. Ich laufe Gefahr, ein falsches Bild von unserem merkwürdigen Planeten an jene zu vermitteln, die ihn noch nicht kennen. Die Menschen nehmen nur ganz wenig Platz auf der Erde ein. Würden die zwei Milliarden Bewohner, die die Erde bevölkern, alle aufrecht und etwas enger beieinander stehen, wie bei einer öffentlichen Versammlung, so würden sie leicht auf einen öffentlichen Platz von zwanzig Meilen Länge und zwanzig Meilen Breite passen. Man könnte die ganze Menschheit auf einer kleinen Pazifikinsel zusammenpferchen.*

*Natürlich werden die großen Leute euch das nicht glauben. Sie glauben, sehr viel Raum einzunehmen. Sie halten sich für genauso bedeutend, wie die Affenbrotbäume. Ratet ihnen dann, selbst nachzurechnen. Sie lieben Zahlen: das wird ihnen gefallen. Aber verschwendet keine Zeit mit dieser Aufgabe. Es ist nicht nötig. Ich weiß, dass ihr mir vertraut.*

*Der kleine Prinz war also sehr überrascht, als er auf der Erde ankam und keine Menschenseele sah. Er befürchtete schon, sich im Planeten geirrt zu haben, als sich ein Ring in der Farbe des Mondlichts im Sand bewegte.*

— Good evening, — said the little prince, just in case.

— Good evening, — said the snake.

— What planet have I fallen onto? — said the little prince.

— On Earth, in Africa, — replied the snake.

— Oh! Are there no people on Earth?

— This is a desert. Nobody lives in deserts. The Earth is huge, — said the snake.

The little prince sat down on a stone and raised his eyes to the sky.

He said, — I wonder if the stars

*„Guten Abend, — sagte der Prinz ins Blaue hinein.*

*— Guten Abend, — sagte die Schlange.*

*— Auf welchem Planeten bin ich hier gelandet? — fragte der kleine Prinz.*

*— Auf der Erde, in Afrika, — antwortete die Schlange.*

*— Oh! ... Also gibt es niemanden auf der Erde?*

*— Das hier ist die Wüste. In der Wüste gibt es niemanden. Die Erde ist groß", sagte die Schlange.*

*Der kleine Prinz setzte sich auf einen Stein und blickte zum Himmel.*

*„Ich frage mich, — sagte er, — ob*

are all lit up so that every one can find his way back to his own, one day. Look at my planet. It's just above us. But it's so far away!

— It's beautiful, — said the snake. — Why have you come here?

— I was having a few problems with a flower, — said the little prince.

— Ah! — said the snake.

And they fell silent.

— Where are all the people? — the little prince took up the conversation again. — One gets a bit lonely in the desert.

— One gets a bit lonely among people, too, — the snake said.

die Sterne leuchten, damit eines Tages jeder den seinen wiederfinden kann. Sieh dir meinen Planeten an. Er ist direkt über uns ... Aber wie weit weg er doch ist!

— Er ist schön, — sagte die Schlange. — Was bringt dich hierher?

— Ich habe Schwierigkeiten mit einer Blume, — sagte der kleine Prinz.

— Ah!" sagte die Schlange.

Und sie verstummten beide.

„Wo sind all die Menschen? — fing der kleine Prinz endlich wieder an. — Man fühlt sich ein bisschen einsam in der Wüste ...

— Man fühlt sich auch bei den Menschen einsam", sagte die Schlange.

The little prince looked at him for a long time.

— You're a funny sort of creature, — he said, at last. — Thin, like a finger …

— But I'm more powerful than even a King's finger, — said the snake.

The little prince smiled.

— You're not very powerful … you don't even have paws … you can't even travel anywhere …

— I could take you further than a ship, — said the snake.

He twined himself around the little prince's ankle, like a golden bracelet.

— Whoever I touch, I send them to the land they came from, — he spoke again. — But you have a pure heart, and you come from a star …

The little prince made no reply.

— I feel sorry for you, such a weak creature on this granite Earth. I can help you one day if you are too homesick for your planet. I can …

— Oh! I understand you perfectly, — said the little prince. — But why do you always speak in riddles?

— I can solve them all, — said the snake.

And they fell silent.

*Der kleine Prinz sah sie lange an:*

*„Du bist ein drolliges Tier, — sagte er schließlich. — Schlank wie ein Finger …*

*— Aber ich bin mächtiger als der Finger eines Königs", sagte die Schlange.*

*Der kleine Prinz lächelte:*

*„Du bist nicht sehr mächtig … du hast nicht einmal Beine … du kannst nicht einmal reisen …*

*— Ich kann dich weiter tragen als ein Schiff", sagte die Schlange.*

*Sie schlängelte sich wie ein goldenes Fußkettchen um den Knöchel des kleinen Prinzen:*

*„Denjenigen, den ich berühre, übergebe ich wieder dem Planeten von dem er gekommen ist. Aber du bist reinen Herzens und du kommst von einem Stern …"*

*Der kleine Prinz antwortete nicht.*

*„Ich habe Mitleid mit dir, du bist so zerbrechlich in dieser Welt aus Granit. Ich kann dir helfen, wenn du dich eines Tages zu sehr nach deinem Planeten sehnst. Ich kann …*

*— Oh! Ich habe schon verstanden, — sagte der kleine Prinz, — aber warum sprichst du nur in Rätseln?*

*— Ich löse sie alle", sagte die Schlange.*

*Und sie schwiegen beide.*

# XVIII

The little prince crossed the desert but he found only one flower. A flower with three petals, a flower of nothing at all …

— Good morning, — said the little prince.

— Good morning, — said the flower.

— Where are all the people? — asked the little prince.

The flower had once seen a caravan go by.

— People? I think there are about six or seven of them in existence. I saw them years ago. But you never know where to find them. The wind blows them. They don't have roots, it makes life difficult for them.

— Goodbye, — said the little prince.

— Goodbye, — said the flower.

*Der kleine Prinz durchquerte die Wüste und fand dort nichts als eine Blume. Eine Blume mit drei Blütenblättern, eine ganz unbedeutende kleine Blume …*

*„Guten Morgen, — sagte der kleine Prinz.*

*— Guten Morgen, — sagte die Blume.*

*— Wo sind die Menschen?" fragte der kleine Prinz freundlich.*

*Die Blume hatte eines Tages eine Karawane vorbeiziehen sehen:*

*„Die Menschen? Es gibt wohl sechs oder sieben von ihnen, glaube ich. Ich habe sie vor einigen Jahren gesehen. Aber man weiß nie wo man sie finden kann. Der Wind verweht sie. Sie haben keine Wurzeln, das macht ihnen das Leben schwer.*

*— Auf Wiedersehen, — sagte der kleine Prinz.*

*— Auf Wiedersehen", sagte die Blume.*

# XIX

The little prince climbed a high mountain. The only mountains he had ever known were the three volcanoes that came up to his knees. And he used the extinct volcano as a stool. So he said to himself, "from the top of a high mountain like this one, I could see the whole planet and all the people at one go ..." But he didn't see anything apart from sharp, rocky peaks.

Der kleine Prinz bestieg einen hohen Berg. Die einzigen Berge, die er bisher kennen gelernt hatte, waren die drei Vulkane die ihm bis zu den Knien reichten. Er benutzte den erloschenen Vulkan als Hocker. „Von einem so hohen Berg aus, — sagte er sich, — kann ich den ganzen Planeten auf einmal überblicken und alle Menschen sehen ..." Aber er konnte nichts als sehr spitze, steinige Gipfel ausmachen.

— Good morning! — he said, just in case.

„Guten Morgen! — sagte er ins Blaue hinein.

— Good morning … good morning … good morning … — replied the echo.

— Who are you? asked the little prince.

— Who are you … who are you … who are you … — replied the echo.

— Be friends with me, I am all alone, — he said.

— All alone … all alone … all alone, — replied the echo.

"What a funny sort of planet this is!" he thought to himself. "It's completely dry, all pointed and entirely salty. The people have no imagination. They repeat whatever you say to them. Back home I have a flower: she always used to speak first …"

— *Guten Morgen … Guten Morgen … Guten Morgen …* — *antwortete das Echo.*

— *Wer seid ihr?* — *fragte der kleine Prinz.*

— *Wer seid ihr … wer seid ihr … wer seid ihr …* — *antwortete das Echo.*

— *Seid meine Freunde, ich bin ganz allein,* — *sagte er.*

— *Ich bin ganz allein … ganz allein … ganz allein …"* *antwortete das Echo.*

*„Was für ein komischer Planet!* — *dachte er sich.* — *Er ist ganz ausgetrocknet und voller Spitzen und ganz salzig. Und die Menschen haben keine Fantasie. Sie wiederholen das, was man ihnen sagt … Bei mir Zuhause hatte ich eine Blume: sie fing immer als erste an zu sprechen …"*

# XX

But it turned out that the little prince, after walking for a long time over sand, rocks and snow, at last found a road. And all roads go to where people live.

— Good morning, — he said.

He had found a garden full of roses.

— Good morning, — the roses replied.

The prince stared at them. They all looked like his flower.

*Aber, nachdem er lange Zeit über Sand und Steine und Schnee gewandert war, traf der kleine Prinz endlich auf eine Straße. Und alle Straßen führen zu den Menschen.*

*„Guten Morgen", sagte er.*

*Er befand sich in einem Garten voller Rosen.*

*„Guten Morgen", sagten die Rosen.*

*Der kleine Prinz betrachtete sie. Sie sahen alle aus wie seine Blume.*

— Who are you? — he asked them, in amazement.

— We are roses, — said the roses.

— Ah! — said the little prince.

And he felt very unhappy. His flower had told him that she was the only one of her kind in the universe. And here were five thousand of them, all looking just the same, in one single garden!

*„Wer seid ihr? — fragte er verblüfft.*

*— Wir sind Rosen, — sagten die Rosen.*

*— Ah!" sagte der kleine Prinz …*

*Und er wurde sehr traurig. Seine Blume hatte ihm versichert, dass sie die einzige ihrer Art im ganzen Universum sei. Und hier waren fünftausend von ihnen, alle gleich, in einem einzigen Garten!*

"How cross she would be", he said to himself, "if she saw this ... she would cough alarmingly and pretend to die so as not to be laughed at. And I'd have to pretend to look after her, because if I didn't do that, and humble myself as well, she really would let herself die ..."

Then he went on: "I thought I was rich with one unique flower, and all I had was an ordinary rose. That and my three volcanoes, which came up to my knee, and one of them is extinct, perhaps forever. That doesn't make me a very great prince ..." and he lay down in the grass and wept.

„Sie wäre sehr gekränkt, würde sie das sehen", sagte er zu sich selbst. „Sie würde einen Hustenanfall bekommen und so tun als müsse sie sterben, um der Demütigung zu entgehen. Und ich müsste so tun, als würde ich sie wirklich gesund pflegen, weil sie sonst tatsächlich sterben würde, um auch mich zu demütigen ..."

Dann sagte er sich: „Ich glaubte ich wäre reich, da ich eine einzigartige Blume besitze, aber ich besitze nur eine gewöhnliche Rose. Eine gewöhnliche Rose und meine drei Vulkane, die mir bis zu den Knien reichen und von denen einer vielleicht für immer erloschen ist. Das macht keinen besonders großartigen Prinzen aus mir ..." Und er legte sich ins Gras und weinte.

# XXI

That's when the fox appeared.

— Good morning, — said the fox.

— Good morning, — the little prince replied politely. He turned round, but couldn't see anything.

— Here I am, — said the fox. — Under the apple tree.

*In diesem Moment erschien der Fuchs:*

*„Guten Morgen, — sagte der Fuchs.*

*— Guten Morgen, — antwortete der kleine Prinz freundlich und drehte sich um, aber er konnte nichts sehen.*

*— Hier bin ich, — sagte der Fuchs, unter dem Apfelbaum ...*

— Who are you? — asked the prince. — You're very pretty.

— I'm a fox, — said the fox.

— Come and play with me, — the little prince invited him. — I'm so unhappy.

— I can't play with you, — replied the fox. — I haven't been tamed.

— Oh! I'm sorry, — said the little prince.

But, on reflection, he added:

*— Wer bist du? — fragte der kleine Prinz. — Du bist schön anzusehen ...*

*— Ich bin ein Fuchs, — sagte der Fuchs.*

*— Komm und spiel mit mir, — schlug ihm der kleine Prinz vor. — Ich bin so traurig ...*

*— Ich kann nicht mit dir spielen, — sagte der Fuchs. — Ich bin nicht gezähmt.*

*— Oh! Tut mir Leid", sagte der kleine Prinz.*

*Aber nach kurzem Nachdenken fügte er hinzu:*

— What does 'tame' mean?

— You don't come from these parts, — said the fox. — What are you looking for?

— I'm looking for people, — said the little prince. — What does 'tame' mean?

— Men, — said the fox, — have guns, and hunt. It's a real nuisance! They keep chickens, too. These are their only interests. Are you looking for chickens?

— No, — replied the little prince. — I'm looking for friends. What does 'tame' mean?

— It's something that's too often forgotten, — said the fox. — It means 'form bonds' …

— Form bonds?

— Certainly, — the fox went on. — To me you are still no more than a little boy no different from a hundred thousand other little boys. And I don't need you. And you don't need me either. To you, I am no more than a fox no different from a hundred thousand other foxes. But, if you tamed me, we would need each other. You would be the only one in the world for me. I would be the only one in the world for you …

— I'm beginning to understand, — said the little prince. — There's a flower … I think she's tamed me.

— It's possible, — said the fox. — You see all sorts of things on the Earth …

— Oh! But this isn't on the Earth, — said the little prince.

„Was bedeutet ‚zähmen'?"

— Du bist nicht von hier, —merkte der Fuchs an, — wonach suchst du?

— Ich suche die Menschen, — sagte der kleine Prinz. — Was bedeutet ‚zähmen'?

— Menschen, — sagte der Fuchs, — haben Gewehre und sie gehen auf die Jagd. Das ist wirklich lästig! Sie züchten auch Hühner. Das sind ihre einzigen Interessen. Suchst du nach Hühnern?

— Nein, — sagte der kleine Prinz. — Ich suche Freunde. Was bedeutet ‚zähmen'?

— Das ist eine Sache, die viel zu oft vernachlässigt wird, — sagte der Fuchs. — Es bedeutet ‚eine Beziehung aufbauen' … "

— Eine Beziehung aufbauen?

— Ja sicher, — sagte der Fuchs. — Noch bist du für mich nichts als ein kleiner Junge wie zehntausend andere kleine Jungen. Und ich brauche dich nicht. Und du brauchst mich auch nicht. Ich bin für dich nur ein Fuchs wie zehntausend andere Füchse. Aber wenn du mich zähmst, dann brauchen wir einander. Dann bist du für mich einzigartig auf der Welt. Ich bin dann einzigartig für dich auf der Welt …

— Ich beginne es zu verstehen, — sagte der kleine Prinz. — Es gibt da eine Blume … ich glaube sie hat mich gezähmt …

— Das ist gut möglich, — sagte der Fuchs. — Es gibt alle möglichen Dinge auf der Erde …

— Oh! Aber das ist nicht auf der Erde", sagte der kleine Prinz.

The fox seemed very intrigued.

*Der Fuchs schien sehr fasziniert zu sein:*

— On another planet?

— Yes.

— Does that planet have hunters?

— No.

— Now that's interesting. Does it have chickens?

— No.

— Nothing's perfect, — sighed the fox.

But the fox returned to his idea.

— I live a monotonous life. I hunt chickens, men hunt me. The chickens all look alike and the men all look alike, so I get a bit bored. But if you tamed me, it would light up my life. I would get to know a footstep that will be different from all the rest. Other footsteps make

*„Auf einem anderen Planeten?*

*— Ja.*

*— Gibt es Jäger auf diesem Planeten?*

*— Nein.*

*— Das ist ja interessant! Und Hühner?*

*—Nein.*

*— Nichts ist perfekt", seufzte der Fuchs.*

*Aber der Fuchs kam noch einmal auf seine Idee zurück.*

*„Ich habe ein eintöniges Leben. Ich jage Hühner, die Menschen jagen mich. Alle Hühner gleichen sich und alle Menschen gleichen sich. Ich langweile mich also ein wenig. Aber wenn du mich zähmen würdest, dann würde sich mein Leben verbessern. Ich würde den Klang von Schritten kennenlernen, die keinen anderen gleichen. Die anderen Schritte*

me go back underground. Yours will call me out of my earth, like music. And then look! You see that cornfield down there? I don't eat bread. Corn is no use to me. Cornfields mean nothing to me. And that's sad. But your hair is the colour of gold. So it will be wonderful when you have tamed me! The golden corn will remind me of you. And I will love the sound of the wind in the corn …

The fox fell silent and gazed at the little prince for a long time.

— Please … tame me! — he said.

— I would love to, — answered the little prince, — but I don't have a lot of time. I have friends to discover and a lot of things to get to know.

— You only get to know the things that you tame, — said the fox. — Men don't have time to get to know anything. They buy everything ready made at the shops. But no one sells friends, so men don't have any friends. If you want a friend, tame me!

— What do I have to do? — asked the little prince.

— You have to be very patient, — answered the fox. — First you would have to sit down a little way away from me, like that, in the grass. I'll look at you out of the corner of my eye and you will say nothing. Speaking gives rise to misunderstandings. But, everyday, you'll be able to sit a little nearer …

The next day the little prince came back.

*treiben mich unter die Erde. Deine Schritte würden mich aus dem Fuchsbau locken, wie Musik. Und dann sieh mal! Siehst du dort drüben, die Kornfelder? Ich esse kein Brot. Ich habe keine Verwendung für das Korn. Die Kornfelder sprechen mich nicht an. Und das ist traurig! Aber du hast goldenes Haar. Wie wundervoll es sein wird, wenn du mich gezähmt hast! Das goldene Korn wird mich an dich erinnern. Und ich werde es lieben, dem Klang des Korns im Wind zu lauschen … "*

*Der Fuchs verstummte und blickte den kleinen Prinzen lange Zeit an:*

*„Bitte … zähme mich! — sagte er.*

*— Ich würde gerne, — antwortete der kleine Prinz, — aber ich habe nicht viel Zeit. Ich muss Freunde finden und habe eine Menge Dinge kennenzulernen.*

*— Man versteht nur Dinge die man zähmt, — sagte der Fuchs. — Die Menschen haben keine Zeit mehr, irgendetwas zu verstehen. Sie kaufen fertige Dinge von den Händlern. Aber weil es keine Händler für Freunde gibt, haben die Menschen keine Freunde mehr. Wenn du einen Freund willst, zähme mich!*

*— Was muss ich dafür tun? — fragte der kleine Prinz.*

*— Du musst sehr geduldig sein, — antwortete der Fuchs. — Zuerst setzt du dich in einiger Entfernung neben mich, so etwa ins Gras. Ich werde dich aus dem Augenwinkel ansehen und du wirst nichts sagen. Worte führen nur zu Missverständnissen. Aber jeden Tag kannst du dich ein bisschen näher zu mir setzten … "*

*Am nächsten Tag kam der kleine Prinz wieder.*

— It would be better to come back at the same time, — the fox said. — If, for instance, you come at four o'clock in the afternoon, after three o'clock I shall start to feel happy. As the time grows closer I shall get happier and happier. By four o'clock I shall be anxious and worried: I will find out the price of happiness! But if you come at just any time, I shall never know what time to get my heart ready … rites are necessary.

— What's a 'rite'? — asked the little prince.

— That's another thing that's too often forgotten, — said the fox. — It's what makes one day different from other days and one hour different from other hours. For instance, the men who hunt me observe a rite. Every Thursday they dance with the girls from the village.

„Es wäre besser gewesen, wenn du zur gleichen Zeit wieder gekommen wärst, — sagte der Fuchs. — Wenn du zum Beispiel um vier Uhr nachmittags kommst, dann würde ich um drei Uhr anfangen mich zu freuen. Mit der Zeit würde ich immer glücklicher und glücklicher werden. Um vier Uhr wäre ich schon ganz angespannt und unruhig; ich wäre so voller Freude! Aber wenn du einfach irgendwann kommst, dann weiß ich nie zu welcher Stunde mir das Herz aufgehen soll … man braucht Rituale.

— Was ist ein ‚Ritual'? — fragte der kleine Prinz.

— Das ist auch eine Sache die viel zu oft vernachlässigt wird, — sagte der Fuchs. — Sie sorgt dafür, dass ein Tag anders ist, als die anderen Tage, eine Stunde anders als die anderen Stunden. Zum Beispiel haben meine Jäger ein Ritual. Jeden Donnerstag tanzen sie mit den Mädchen aus dem Dorf. Also ist der

So Thursday is a marvellous day. I can stroll as far as the vineyards! If the hunters danced at just any time, the days would be all alike, and I wouldn't ever have a day off.

So the little prince tamed the fox. And when the time drew near for him to go:

— Oh, — said the fox, — I shall cry.

— It's your own fault, — said the little prince, — I never wished you any harm, but you wanted me to tame you …

— That's true, — said the fox.

— But you're going to cry! — said the little prince.

— Of course, — said the fox.

— So you're no better off!

— I am better off, — said the fox, — because of the colour of the corn.

Then he added:

— Go and look at the roses again. You will learn that yours is unique in the world. Come back to say goodbye to me, and I'll let you into a secret.

The little prince went off to look at the roses again.

— You're not at all like my rose, you're nothing yet, — he told them. — Nobody has tamed you and you haven't tamed anybody. You're like my fox was. He was a fox no different from a hundred thousand other foxes. But I made him my friend, and now there isn't another one like him in the whole world.

And the roses were quite embarrassed.

*Donnerstag ein wunderbarer Tag! Ich kann bis zu den Weinstöcken spazieren. Wenn die Jäger einfach irgendwann tanzen, sind alle Tage gleich und ich hätte niemals Urlaub."*

*Und so zähmte der kleine Prinz den Fuchs. Und als seine Abreise bevorstand:*

*„Oh! — sagte der Fuchs, — ich werde weinen.*

*— Das ist deine eigene Schuld, — sagte der kleine Prinz, — ich wollte dir nie etwas Schlechtes, aber du wolltest, dass ich dich zähme …*

*— Das stimmt, — sagte der Fuchs.*

*— Aber du wirst weinen! — sagte der kleine Prinz.*

*— Natürlich, — sagte der Fuchs.*

*— Also bist du nicht besser dran!*

*— Ich bin besser dran, — sagte der Fuchs, — wegen der Farbe des Korns."*

*Dann fügte er hinzu:*

*„Geh noch einmal zu den Rosen. Du wirst sehen, dass deine Rose einzigartig auf der ganzen Welt ist. Dann komm zurück um dich zu verabschieden und ich werde dir ein Geheimnis verraten."*

*Der kleine Prinz ging noch einmal zu den Rosen.*

*„Ihr gleicht meiner Rose überhaupt nicht, ihr seid noch gar nichts, — sagte er zu ihnen. — Euch hat noch niemand gezähmt und ihr habt noch niemanden gezähmt. Ihr seid wie mein Fuchs einmal war. Mein Fuchs war ein Fuchs wie zehntausend andere Füchse. Aber ich habe ihn zu meinem Freund gemacht und jetzt ist er einzigartig auf der Welt."*

*Und die Rosen wurden sehr verlegen.*

— You're beautiful but you're empty, — the little prince told them. — No one could die for you. Certainly, my own rose, to an ordinary passer-by would seem just like you. But she, and she alone, is more important than all of you, because she is the one I watered. Because she is the one I put under the cloche. Because she is the one I sheltered with the screen. Because she is the one I killed the caterpillars for (except two or three for the butterflies). Because she is the one I've listened to, complaining, or boasting, or even sometimes being quite silent. Because she's my rose.

And he went back to the fox.

— Goodbye, — he said.

— Goodbye, — said the fox. — And this is my secret. It's very simple: you can only truly see with the heart. What is essential is invisible to the eye.

— What is essential is invisible to the eye, — the little prince repeated, so he wouldn't forget.

— It's the time you wasted on your rose that makes your rose so important.

— It's the time I wasted on my rose ... the little prince repeated, so he wouldn't forget.

— Men have forgotten this truth, — said the fox. — But you mustn't forget it. You become responsible forever for what you have tamed. You are responsible for your rose ...

— I am responsible for my rose ... — the little prince repeated, so he wouldn't forget.

„Ihr seid schön, aber ihr seid leer, — sagte er ihnen noch. — Man kann nicht sein Leben für euch geben. Gewiss, ein gewöhnlicher Passant würde denken, dass euch meine Rose gleicht. Aber sie allein ist bedeutender als ihr alle zusammen, weil sie es ist, die ich gegossen habe. Weil sie es ist, die ich mit der Glasglocke abgedeckt habe. Weil sie es ist, die ich vor dem Wind geschützt habe. Weil sie es ist, deren Raupen ich getötet habe (abgesehen von zwei oder drei, wegen der Schmetterlinge). Weil sie es ist, der ich zuhörte, wie sie jammerte, wie sie prahlte und manchmal auch wie sie schwieg. Weil sie meine Rose ist."

Er kehrte zum Fuchs zurück:

„Auf Wiedersehen, — sagte er ...

— Auf Wiedersehen, — sagte der Fuchs. — Hier ist mein Geheimnis. Es ist sehr einfach: man sieht nur mit dem Herzen gut. Das Wesentliche ist unsichtbar für das Auge.

— Das Wesentliche ist unsichtbar für das Auge, — wiederholte der kleine Prinz, um es sich einzuprägen.

— Es ist die Zeit die du für deine Rose verschwendet hast, die deine Rose so bedeutend macht.

— Es ist die Zeit die ich für meine Rose verschwendet habe ... — wiederholte der kleine Prinz, um es sich einzuprägen.

— Die Menschen haben diese Wahrheit vergessen, — sagte der Fuchs. — Aber du darfst sie nicht vergessen. Du trägst Verantwortung für alles was du gezähmt hast. Du trägst Verantwortung für deine Rose ...

— Ich trage Verantwortung für meine Rose ..." wiederholte der kleine Prinz, um es sich einzuprägen.

# XXII

- Good morning, — said the little prince.

— Good morning, — said the railway signalman.

— What do you do here? — asked the little prince.

— I sort out the passengers, in batches of a thousand, — said the railway signalman. — I send the trains that carry them on their way, sometimes to the right and sometimes to the left.

And, with a roar of thunder, a brightly lit express train shook the signalman's signal box.

— They're in such a hurry, — said the little prince. — What are they looking for?

— Even the train driver doesn't know that, — said the signalman.

And a second brightly lit express train roared past in the opposite direction.

— Are they on their way back already? — the little prince asked.

— Those aren't the same ones, — the signalman told him. — They change over.

— Aren't they happy where they are?

— No one is ever happy where he is, — said the signalman.

And a third brightly lit express train thundered past.

— Are they looking for the first travellers? — asked the prince.

„Guten Morgen, — sagte der kleine Prinz.

— Guten Morgen, — sagte der Weichensteller.

— Was tust du hier? — fragte der kleine Prinz.

— Ich sortiere die Reisenden, in Tausenderpaketen, — sagte der Weichensteller. — Ich verschicke die Züge, die sie fortbringen, mal nach rechts, mal nach links.“

Und ein leuchtender Schnellzug, grollend wie Donner, ließ die Hütte des Weichenstellers erzittern.

„Die haben es ganz schön eilig, — sagte der kleine Prinz. — Was suchen sie?

— Selbst der Lokführer weiß es nicht“, sagte der Weichensteller.

Und es donnerte ein zweiter leuchtender Schnellzug in die Gegenrichtung.

„Sind sie schon wieder auf dem Rückweg? — fragte der kleine Prinz ...

— Das sind nicht dieselben, — sagte der Weichensteller. — Es ist ein Wechsel.

— Waren sie nicht zufrieden, dort wo sie waren?

— Man ist nie zufrieden, dort wo man ist“, — sagte der Weichensteller.

Und es donnerte grollend ein dritter leuchtender Schnellzug vorbei.

„Suchen sie die vorherigen Reisenden? — fragte der kleine Prinz.

— They're not looking for anything at all, — said the signalman. — They're all asleep in there, or else they're yawning. Only the children press their noses against the windowpanes.

— Only children know what they are looking for, — said the little prince. — They waste time on a rag doll and it becomes very important to them, so that if anyone takes it away from them, they burst into tears …

— They're lucky, — said the signalman.

— *Sie suchen nach gar nichts,* — *sagte der Weichensteller.* — *Sie alle schlafen da drinnen und ansonsten gähnen sie. Nur die Kinder drücken ihre Nasen an den Fensterscheiben platt.*

— *Nur die Kinder wissen, wonach sie suchen,* — *sagte der kleine Prinz.* — *Sie verschwenden ihre Zeit für eine Stoffpuppe und sie wird ihnen sehr wichtig sein und wenn man sie ihnen wegnimmt, dann weinen sie …*

— *Sie haben Glück",* *sagte der Weichensteller.*

# XXIII

- **G**ood morning, — said the little prince.

— Good morning, — said the shopkeeper.

It was a shopkeeper who sold pills developed specifically to quench thirst. You swallowed one a week, and you didn't need to drink any more.

— Why are you selling this? — asked the little prince.

— It saves a lot of time, — said the shopkeeper. — Experts have calculated it all. You can save fifty three minutes each week.

— And what do people do with the fifty-three minutes?

— They do whatever they like …

"Personally", said the little prince to himself, "if I had fifty-three minutes to spare I'd take a stroll to a fountain …"

„**G**uten Morgen, — *sagte der kleine Prinz.*

— *Guten Morgen", sagte der Händler.*

*Der Händler verkaufte Pillen, die den Durst stillen. Man schluckt eine davon pro Woche und verspürt dann kein Bedürfnis mehr zu trinken.*

*„Warum verkaufst du das? — fragte der kleine Prinz.*

— *Damit kann man viel Zeit sparen, — sagte der Händler. — Man spart dreiundfünfzig Minuten pro Woche.*

— *Und was tut man mit den dreiundfünfzig Minuten?*

— *Man tut, was immer man möchte …"*

*„Hätte ich dreiundfünfzig Minuten zur Verfügung, würde ich ganz in Ruhe zu einem Brunnen gehen …", sagte der kleine Prinz zu sich selbst.*

# XXIV

It was now the eighth day after my crash in the desert, and as I listened to the tale of the shopkeeper I drank the last drop of my water ration.

— Oh, — I told the little prince, — your reminiscences are all very well, but I still haven't repaired my aeroplane, I haven't anything left to drink, and nothing would make me happier than a stroll to a fountain!

— My friend the fox, he told me …

— My little man, this is no longer a matter of the fox!

— Why not?

— Because we are going to die of thirst …

Not following my argument, he replied:

— It's good to have had a friend, even if you are going to die. Personally I'm very glad to have had a fox for a friend …

"He has no idea of the danger", I said to myself. "He's never felt hunger or thirst. A bit of sunshine is enough for him …"

But he gazed at me, and, as if in answer to my thoughts, he said:

— I'm thirsty too … let's go and find a well …

I made a gesture of resignation. It's ridiculous to go looking for a well, at random, in the vast solitude of the desert. All the same, we set off.

*Es war der dritte Tag meiner Panne in der Wüste und ich hatte die Geschichte vom Händler gehört während ich den letzten Tropfen meines Wasservorrates trank:*

*„Ach, — sagte ich zum kleinen Prinzen, — deine Erinnerungen sind ganz bezaubernd, aber ich habe immer noch nicht mein Flugzeug repariert, ich habe nichts mehr zu trinken und auch ich wäre glücklich, könnte ich in aller Ruhe zu einem Brunnen gehen.*

*— Mein Freund der Fuchs — sagte mir …*

*— Mein kleiner Mann, es geht nicht mehr um den Fuchs!*

*— Warum nicht?*

*— Weil wir verdursten werden …"*

*Er verstand meinen Gedankengang nicht und antwortete mir:*

*„Es ist gut einen Freund gehabt zu haben, auch wenn man im Begriff ist zu sterben. Ich bin sehr glücklich einen Fuchs als Freund gehabt zu haben …"*

*„Er erkennt die Gefahr nicht, — sagte ich zu mir selbst. — Er hat noch nie Hunger oder Durst verspürt. Ein bisschen Sonnenschein genügt ihm …"*

*Aber der kleine Prinz sah mich und als wenn er auf meine Gedanken antworten würde sagte er:*

*„Auch ich habe Durst … lass uns einen Brunnen suchen …"*

*Ich machte eine müde Geste: es ist unsinnig, auf gut Glück einen Brunnen in der unermesslichen Weite der Wüste zu suchen. Dennoch machten wir uns auf den Weg.*

After we had walked along in silence for several hours, night fell, and the stars began to shine. I stared at them as if in a dream. I was slightly feverish because of my thirst. The little prince's words were dancing in my memory:

— So do you feel thirsty, too? — I asked.

But he made no reply. He just said:

— Water can be good for the heart, as well.

I had no idea what he meant, but I said no more. By then I knew very well it would do no good to interrogate him.

He was tired. He sat down. I sat beside him. And after a silence he spoke again:

— The stars are beautiful because of a flower you can't even see …

I answered, — Yes, that's true, — and gazed in silence at the ridges of desert sand in the moonlight.

The desert is beautiful, — he ventured.

And it really was. I have always loved the desert. You sit down on a sand dune. Not a sight, not a sound. And yet something radiates through the silence …

— The good thing about the desert, — said the little prince, — is that, somewhere or other, it hides a well …

Astonished, I suddenly understood the mysterious shimmering of the sand. When I was a little boy, I lived in an old house and legend had it that it hid a buried treasure. Of course, no

Nachdem wir stundenlang schweigend gegangen waren, brach die Nacht an und die Sterne begannen zu leuchten. Ich nahm sie wie im Traum wahr, etwas fiebrig vom Durst. Die Worte des kleinen Prinzen tanzten in meiner Erinnerung:

„Du hast also auch Durst?", fragte ich ihn.

Aber er antwortete nicht auf meine Frage. Er sagte nur:

„Wasser kann auch gut fürs Herz sein."

Ich verstand seine Antwort nicht, aber ich schwieg. Ich wusste, dass es keinen Zweck hatte ihn auszufragen.

Er war müde. Er setzte sich. Ich setzte mich neben ihn. Und nach kurzem Schweigen fuhr er fort:

„Die Sterne sind schön, wegen einer Blume, die man noch nicht einmal sehen kann …"

Ich antwortete ihm: „Ja, das stimmt." Und betrachtete, ohne zu sprechen, die Erhöhungen des Wüstensandes im Mondschein.

„Die Wüste ist schön", fügte er hinzu.

Und wahrhaftig. Ich hatte die Wüste schon immer geliebt. Man setzt sich auf eine Sanddüne. Man sieht nichts. Man hört nichts. Und doch strahlt und funkelt etwas in der Stille …

„Was die Wüste so schön macht, — sagte der kleine Prinz, — ist, dass sie irgendwo einen Brunnen verbirgt …"

Ich war überrascht plötzlich den rätselhaften Glanz des Sandes zu begreifen. Als ich ein kleiner Junge war, wohnte ich in einem alten Haus und einer Legende nach war dort ein Schatz

one had ever been able to find it, probably because no one had ever looked for it. But it cast a spell over the whole house. My house hid a secret deep in its heart …

— Yes, — I said to the little prince. — Whether you're thinking of houses, stars or deserts, what gives them their beauty can't be seen.

— I'm glad you agree with my fox, — he said.

As the little prince was falling asleep, I picked him up in my arms and set off walking again, filled with emotion. I felt as if I were carrying a delicate treasure. It even felt as if nothing on Earth were more delicate than he. As I gazed at him in the moonlight with his pale forehead, closed eyes, strands of hair quivering in the wind, I said to myself: "What I see here is nothing but a shell. What matters most is what can't be seen …"

As his lips opened slightly, as if in a half-smile, I said to myself once more: "What I find so deeply moving about this little sleeping prince, is his attachment to a flower, the image of a rose that radiates through him like a lantern flame, even while he sleeps." And he seemed more delicate still. You have to well protect lanterns: a breath of wind can blow them out …

I walked on like this, and at daybreak I discovered the well.

vergraben. Natürlich hat niemand ihn je gefunden, vielleicht nicht einmal gesucht. Aber er verzauberte jenes Haus. Mein Haus verbarg ein Geheimnis im Innersten seines Herzens …

„Ja, — sagte ich zum kleinen Prinzen, — sei es ein Haus, die Sterne oder die Wüste, das was ihre Schönheit ausmacht ist unsichtbar!

— Ich bin froh, dass du meinem Fuchs zustimmst", sagte er.

Als der kleine Prinz einschlief, nahm ich ihn auf meine Arme und machte mich wieder auf den Weg. Ich war gerührt. Ich fühlte mich, als würde ich einen zerbrechlichen Schatz tragen. Es schien mir, als gäbe es nichts Zerbrechlicheres auf der Welt. Ich betrachtete ihn im Mondschein, seine blasse Stirn, seine geschlossenen Augen, seine Locken die im Wind flatterten und ich sagte mir: „Was ich da sehe, ist nur eine Schale. Das Allerwichtigste ist unsichtbar …"

Als seine halboffenen Lippen ein leises Lächeln formten, sagte ich mir weiter: „Was mich so sehr rührt an diesem schlafenden kleinen Prinzen, ist seine Treue zu einer Blume, es ist das Bild einer Rose, das in ihm lodert wie die Flamme einer Laterne, auch wenn er schläft." Und er erschien mir noch zerbrechlicher. Man muss gut auf Laternen aufpassen: schon ein Windstoß kann sie auslöschen …

Und wie ich so weiter lief, entdeckte ich im Morgengrauen den Brunnen.

# XXV

- **M**en, — said the little prince, — pile into express trains but they don't know what they're looking for. So they get excited and rush round in circles …

And he added:

— It's not worth it …

The well we had reached did not look at all like the wells of the Sahara. The wells of the Sahara are just holes dug in the sand. This one

„**D**ie Menschen, — sagte der kleine Prinz, — zwängen sich in Schnellzüge, aber sie wissen nicht mehr, was sie suchen. Also eilen sie hin und her und drehen sich im Kreis …

Und er fügte hinzu:

„Es lohnt sich nicht … "

Der Brunnen, den wir erreichten, hatte nichts gemein mit den gewöhnlichen Brunnen der Sahara. Die Brunnen der Sahara sind einfache, in den Sand gegrabene Löcher.

was like a village well. But there was no village there, and I thought I was dreaming.

— It's strange, — I said to the little prince. — It's all ready, the pulley, the bucket and the rope …

He laughed, touched the rope, and set the pulley to work. The pulley creaked like an old weather vane after a long spell with no wind.

— Do you hear? — asked the little prince. — We have woken up this well, and it sings …

Not wishing him to strain himself:

— Let me do it, it's too heavy for you, — I said to him.

Slowly, I hoisted the bucket up and set it down, upright, on the rim. The song of the pulley was still in my ears and, on the surface of the still rippling water, I could see the shimmer of the sun.

— I am thirsty for this water, — said the little prince. — Give me some to drink …

And I understood what he had been searching for.

I lifted the bucket to his lips. Closing his eyes, he drank. It tasted sweet, as it would at a party. This water was very different from any ordinary food. It was born from the walk under the stars, the song of the pulley, the strain on my arms. It did the heart good, like a present. When I was a little boy, the lights of the Christmas tree, the music of the midnight mass, the sweetness of people's smiles, all formed part of the radiance of the Christmas gifts I received.

— The men in your world, — said the little prince, — grow five

*Dieser Brunnen aber glich einem Dorfbrunnen. Aber es gab dort überhaupt kein Dorf und ich glaubte zu träumen.*

*„Es ist seltsam, — sagte ich zum kleinen Prinzen, — alles ist bereit: der Flaschenzug, der Eimer und das Seil …"*

*Er lachte, griff nach dem Seil und setzte den Flaschenzug in Bewegung. Und der Flaschenzug knarrte wie eine Wetterfahne nach einer langen Windstille.*

*„Hörst du?, — fragte der kleine Prinz, — Wir haben den Flaschenzug geweckt und er singt …"*

*Ich wollte nicht, dass er sich zu sehr anstrengte:*

*„Lass mich das machen, — sagte ich zu ihm, — das ist zu schwer für dich."*

*Langsam zog ich den Eimer bis zum Rand nach oben und stellte ihn dort ab. In meinen Ohren klang der Gesang des Flaschenzugs nach und im sich noch kräuselnden Wasser schimmerte die Sonne.*

*„Ich habe Durst auf dieses Wasser, — sagte der kleine Prinz, — gib mir etwas zu trinken …"*

*Und ich verstand, was er gesucht hatte!*

*Ich hob den Eimer an seine Lippen. Er trank mit geschlossenen Augen. Es war schön wie ein festlicher Akt. Dieses Wasser war viel mehr als ein Lebensmittel. Es war entstanden durch den Marsch unter den Sternen, den Gesang des Flaschenzuges, die Kraft meiner Arme. Es war so gut wie ein Geschenk. Es war so gut für das Herz wie ein Geschenk. Als ich ein kleiner Junge war, machten das Leuchten des Weihnachtsbaumes, die Musik der Mitternachtsmesse und das sanftmütige Lächeln in den Gesichtern, den Glanz meines Weihnachtsgeschenkes aus.*

*„Die Menschen bei dir Zuhause, — sagte der kleine Prinz, — lassen*

thousand roses in one garden, but they don't find what they are looking for.

— They don't find it, — I replied.

— Yet they could find what they are looking for in one single rose, or a little water …

— That's true, — I said.

And the little prince added,

— But the eyes are blind. You have to search with the heart.

I had drunk the water. I was breathing easily. At daybreak the sand is the colour of honey. That honey colour made me happy, too. Why did I have to feel this grief …?

— You must keep your promise, — the little prince said to me, softly, once more sitting down beside me.

— What promise?

— You remember … a muzzle for my sheep … I have to look after that flower …

I took the rough sketches out of my pocket. The little prince looked them over, and laughed as he said:

— Your baobabs look a bit like cabbages …

— Oh!

And I had been so proud of my baobabs!

— Your fox … his ears … they look a bit like horns … and they're too long!

And he laughed again.

— That's not fair, little man. I didn't know how to draw anything except for boa constrictors, seen from the inside and the outside.

— Oh, it will be fine, — he said. — Children understand.

---

*fünftausend Rosen in einem einzigen Garten wachsen … doch finden sie dort nicht was sie suchen.*

*— Sie finden es nicht, — antwortete ich.*

*— Und doch kann man das, was sie suchen, in einer einzigen Rose oder einem bisschen Wasser finden …*

*— Das stimmt", sagte ich.*

*Und der kleine Prinz fügte hinzu:*

*„Aber die Augen sind blind. Man muss mit dem Herzen suchen."*

*Ich hatte getrunken. Ich atmete frei. Der Sand ist bei Tagesanbruch honigfarben. Ich war auch über diese Honigfarbe glücklich. Welchen Grund hatte ich, traurig zu sein …?*

*„Du musst dein Versprechen einlösen", sagte der kleine Prinz leise, der sich neben mich gesetzt hatte.*

*„Welches Versprechen?*

*— Du weißt schon … ein Maulkorb für mein Schaf … ich bin für diese Blume verantwortlich!"*

*Ich zog meine Zeichenskizzen aus der Tasche. Der kleine Prinz betrachtete sie und sagte lachend:*

*„Deine Affenbrotbäume sehen ein bisschen aus wie Kohlköpfe …*

*— Oh!"*

*Ich war so stolz auf meine Affenbrotbäume gewesen!*

*„Dein Fuchs … seine Ohren … sie sehen ein bisschen aus wie Hörner … und sie sind zu lang!"*

*Und er lachte wieder.*

*„Du bist ungerecht kleiner Mann, ich habe nie gelernt etwas anderes zu zeichnen als geschlossene und offene Boas.*

*— Oh! Es wird schon gehen, die Kinder werden es verstehen."*

So I sketched a muzzle. And I handed it to him with a heavy heart.

— You have plans that I don't know about …

But he didn't answer. He said:

— You know, my descent to Earth … tomorrow will be the anniversary …

He fell silent for a while, then went on:

— I came down not far from here …

And he blushed.

And I was overcome once more by a strange feeling of sadness, without knowing why. However one question occurred to me:

— So it wasn't by chance that, on the morning I met you, eight days ago, you were walking along, all alone like that, a thousand miles from any inhabited region! You were walking back to the place where you fell?

The little prince blushed again.

And I added, hesitantly:

— Because of the anniversary, perhaps?

The little prince blushed once more. He never replied to questions, but when someone blushes, doesn't that mean, "Yes"?

— Oh, — I said to him, — I'm frightened …

But he replied:

— You must work now. You must go back to your engine. I'll wait for you here. Come back tomorrow evening …

But I wasn't reassured. I remembered the fox. You risk shedding a few tears, if you let yourself become tamed …

*Ich zeichnete also einen Maulkorb. Und schweren Herzens überreichte ich ihn ihm :*

*„Du hast Pläne, von denen ich nichts weiß … “*

*Aber er antwortete mir nicht. Er sagte:*

*„Weißt du, meine Ankunft auf der Erde ist morgen ein Jahr her … “*

*Dann, nach einer kurzen Stille, fuhr er fort:*

*„Ich bin ganz hier in der Nähe gelandet … “*

*Und er wurde rot.*

*Und wieder, ohne dass ich verstand warum, kam eine eigenartige Schwere über mich. Trotzdem fiel mir eine Frage ein:*

*„Es ist also kein Zufall, dass du an jenem Morgen vor acht Tagen an dem ich dich kennen lernte, so spazieren gingst, ganz allein, eintausend Meilen entfernt von jeder bewohnten Gegend. Du bist zum Ort deiner Landung zurückgekehrt?“*

*Der kleine Prinz wurde noch röter.*

*Und zögerlich fügte ich hinzu:*

*„Vielleicht aufgrund des Jahrestages?“*

*Der kleine Prinz wurde wieder rot. Er antwortete niemals auf Fragen, aber wenn man rot wird, dann bedeutet das ‚ja‘, nicht wahr?*

*„Oh!, — sagte ich zu ihm, — ich fürchte … “*

*Aber er antwortete:*

*„Du musst jetzt arbeiten. Du musst zu deiner Maschine zurückkehren. Ich warte hier auf dich. Komm morgen Abend wieder … “*

*Aber das beruhigte mich nicht. Ich erinnerte mich an den Fuchs. Man läuft Gefahr ein bisschen zu weinen, wenn man sich zähmen lässt …*

# XXVI

**B**eside the well there stood a ruin with an old stone wall. The following evening, as I walked back from my work I saw my little prince from some distance away, sitting on top of it, with his legs dangling. And I heard him say:

— So don't you remember? It wasn't here at all, — he said.

Another voice must have answered him, since he replied:

— Yes, yes! This is the right day, but this isn't the place …

I went on walking towards the wall. There was still no one to be seen or heard. Yet the little prince answered again:

— … Very well. You'll see where my trail starts in the sand. You'll just have to wait for me there. I'll be there by nightfall.

I was twenty metres away from the wall, and I still couldn't see anyone.

After a silence the little prince spoke again.

— Is your poison strong? Are you sure I won't have to suffer for long?

I stopped in my tracks, my heart missing a beat. But I still didn't understand.

— Now go away, — he said. — I want to get down again!

So I looked down at the foot of the wall, and I jumped! For there, facing the little prince, was one of those yellow snakes that can end your life in thirty seconds. As I dug into

**N**eben dem Brunnen befand sich eine Ruine mit einer alten Steinmauer. Als ich von meiner Arbeit zurückkam, am Abend des nächsten Tages, erblickte ich den kleinen Prinzen dort oben mit herunterbaumelnden Beinen. Und ich hörte ihn sprechen:

„Du erinnerst dich also nicht? Es war gar nicht hier!", sagte er.

Eine andere Stimme musste ihm geantwortet haben, denn er antwortete:

„Doch, doch! Es ist der richtige Tag, aber nicht der richtige Ort …"

Ich setzte meinen Weg zur Mauer fort. Immer noch sah und hörte ich niemanden. Und doch antwortete der kleine Prinz wieder:

„… Ja genau. Du wirst sehen wo meine Spur im Sand anfängt. Du musst nur dort auf mich warten. Ich werde heute Nacht dort sein."

Ich war jetzt zwanzig Meter von der Mauer entfernt und sah noch immer nichts.

Der kleine Prinz sprach nach einer kurzen Pause weiter:

„Ist dein Gift stark? Bist du sicher, dass ich nicht allzu lange leiden werde?"

Ich blieb stehen, mit bangem Herzen, aber ich verstand noch immer nicht.

„Jetzt geh, — sagte er. — Ich will wieder heruntersteigen!"

Ich senkte also den Blick zum Fuße der Mauer und machte einen Satz nach hinten! Da war sie, dem kleinen Prinzen zugewandt, eine jener gelben Schlangen, die einen in dreißig Sekunden töten können.

my pocket to pull out my revolver, I started to run, but at the sound I made the snake gently shimmered away across the sand, like the final jet from a fountain, and without any undue haste he slipped away between the stones with a slight metallic sound. I reached the wall just in time to take my little royal friend into my arms, his face white as snow.

*Während ich in meiner Tasche nach meinem Revolver wühlte, fing ich an zu laufen, aber durch den Lärm den ich verursachte, ließ sich die Schlange ruhig durch den Sand gleiten, wie ein ersterbender Wasserstrahl und verschwand, ohne Eile, mit einem leicht metallischen Klang zwischen den Steinen. Ich gelangte gerade noch rechtzeitig zur Mauer, um meinen kleinen Mann mit den Armen aufzufangen, sein Gesicht war schneeweiß.*

— What's all this about? Are you talking to snakes now?

*„Was hat das zu bedeuten! Redest du jetzt mit Schlangen!"*

I had loosened the golden scarf that he always wore. I moistened his temples and gave him a drink. And now I couldn't bear to ask him any more questions. He looked at me solemnly and wound his arms around my neck. I felt his little heart beating like a dying bird that someone had shot with a rifle. He said to me:

*Ich hatte den goldenen Schal den er immer trug gelockert. Ich hatte ihm die Schläfen befeuchtet und ihm zu trinken gegeben. Und nun wagte ich es nicht mehr ihm noch weitere Fragen zu stellen. Er sah mich ernst an und legte die Arme um meinen Hals. Ich spürte sein Herz kämpfen, wie das eines sterbenden Vogels, der mit einem Gewehr erschossen wurde. Er sagte mir:*

— I'm so glad you've found out what was wrong with your engine. Now you can go home …

*„Ich bin froh, dass du herausgefunden hast, was mit deiner Maschine nicht stimmt. Jetzt kannst du nach Hause zurückkehren …*

— How did you know?

I was just about to tell him that, contrary to all expectations, I had succeeded in my task!

He made no reply to my question, but added:

— I too am going home today.

Then, sadly:

— It's a lot further ... it's a lot more difficult ...

I had a clear sensation that something extraordinary was happening. I hugged him close to me like a small child, yet it still seemed to me as if he were sinking straight down into an abyss, and there was nothing I could do to stop him ...

There was a very solemn look in his eyes, as if he were far away.

— I have your sheep. And the box for the sheep. And the muzzle ...

And he gave a sad smile.

I waited for a long time. I felt he

*— Woher wusstest du das!"*

*Ich war gerade gekommen um ihm zu verkünden, dass ich, entgegen aller Hoffnung, mit meiner Arbeit Erfolg hatte.*

*Er antwortete nicht auf meine Frage, aber er fügte hinzu:*

*„Auch ich kehre heute nach Hause zurück ..."*

*Dann sagte er schwermütig:*

*„Es ist viel weiter ... es ist viel schwieriger ..."*

*Ich spürte deutlich, dass etwas außergewöhnliches passierte. Ich schloss ihn in meine Arme, wie ein kleines Kind und dennoch hatte ich das Gefühl, dass er senkrecht in einen Abgrund sank, ohne dass ich etwas tun konnte um ihn aufzuhalten ...*

*Sein Blick war ernst, als wäre er weit weg:*

*„Ich habe dein Schaf. Und ich habe die Kiste für das Schaf. Und ich habe den Maulkorb ..."*

*Und er lächelte traurig.*

*Ich wartete lange Zeit. Ich spürte, dass*

was gradually coming back to life.

— My little man, you've had a fright …

He had certainly had a fright. But he laughed gently:

— I shall be much more frightened tonight …

Once again I went cold all over with the sense that something irrevocable was about to happen. And I knew I couldn't bear the idea that I would never hear that laugh again. It was like a spring in the desert to me.

— My little man, I want to hear you laugh again …

But he said to me:

— It was a year ago tonight. My star will be exactly above the place where I fell to Earth last year …

— My little man, surely it's no more than a bad dream, this business with the snake, and the meeting place, and the star …?

But he didn't answer my question. He said to me:

— What matters is what you don't see …

— Of course …

— It's like it is with the flower. If you love a flower that lives on a star, it's lovely to look at the sky at night. All the stars bloom.

— Of course …

— It's like it is with the water. The water you gave me to drink was like music, because of the pulley and the rope … you remember … it was lovely.

— Of course …

— At night you will look up at

er sich langsam wieder aufwärmte:

„Kleiner Mann, du hattest Angst …“

Natürlich hatte er Angst gehabt! Aber er lachte leise:

„Ich werde heute Abend viel mehr Angst haben …“

Wieder fühlte ich mich wie eingefroren durch das Gefühl der Unwiederbringlichkeit. Und mir wurde klar, dass ich den Gedanken nicht ertragen konnte, nie wieder dieses Lachen zu vernehmen. Es war für mich wie ein Brunnen in der Wüste.

„Kleiner Mann, ich will dich noch einmal lachen hören …“

Aber er sagte mir:

„Heute Nacht wird es ein Jahr her sein. Mein Stern wird sich genau über dem Ort befinden, an dem ich letztes Jahr gelandet bin …

— Kleiner Mann, sag mir, dass das nur ein böser Traum ist, die ganze Sache mit der Schlange und dem Treffpunkt und dem Stern …“

Aber er antwortete nicht auf meine Frage. Er sagte mir:

„Das was wichtig ist, sieht man nicht …

— Natürlich …

— Es ist wie mit der Blume. Wenn du eine Blume auf einem Stern liebst, ist es schön nachts in den Himmel zu blicken. Alle Sterne sind mit Blumen geschmückt.

— Natürlich …

— Es ist wie mit dem Wasser. Das Wasser, das du mir zu trinken gabst, war wie Musik, wegen des Flaschenzuges und des Seils … erinnerst du dich … es war gut.

— Natürlich …

— Nachts wirst du die Sterne

the stars. Where I live is too small to show you which star is mine. It's better that way. For you my star will be just one among all the stars. So you will enjoy looking them all ... they will all be your friends. And I'm going to give you a present as well ...

He laughed once more.

— Oh, little man, little man, I love the sound of that laughter!

— That's exactly what my present will be ... it will be as it was with the water ...

— What do you mean?

— Everyone has stars, but they don't mean the same. For some, who travel, the stars are their guides. For other people they are no more than little points of light. For some clever people they are problems. For my businessman they were gold. But all these stars are silent. You, you will have stars like nobody else ...

— What do you mean?

When you look up at the night sky, because I am living on one of them, because I am laughing on one of them, you will feel as if all the stars are laughing. You and only you will have stars that can laugh!

And he laughed again.

— And when you have got over your grief (and everyone gets over it in the end) you will be happy to have known me. You will always be my friend. You will want to laugh with me. And sometimes you will open your window, just like that, for the joy of it ... And your friends will be really amazed to see you laughing while watching the sky. And you will tell them: "Yes, the stars, they always make me laugh!" And they'll think you're mad. I'll

beobachten. Mein Zuhause ist zu klein, als dass ich dir zeigen könnte, wo mein Stern liegt. Es ist besser so. Mein Stern wird für dich einer der Sterne sein. So wirst du es lieben alle Sterne zu betrachten ... Sie alle werden deine Freunde sein. Und dann werde ich dir ein Geschenk machen ..."

Er lachte noch einmal.

„Oh, kleiner Mann, wie ich es liebe dieses Lachen zu hören!

— Eben das wird mein Geschenk sein ... es wird so sein wie mit dem Wasser ...

— Was meinst du damit?

— Alle Menschen haben die Sterne, aber für jeden bedeuten sie etwas anderes. Für die einen, für die die reisen, sind sie Wegweiser. Für andere sind sie nichts als kleine Lichter. Für andere, für die Gelehrten, sind es Probleme. Für meinen Geschäftsmann waren sie Reichtum. Aber all diese Sterne schweigen. Du wirst Sterne wie niemand sonst haben ...

— Was meinst du damit?

— Wenn du nachts in den Himmel blickst, werde ich auf einem von ihnen wohnen. Auf einem dieser Sterne werde ich lachen und es wird für dich sein als lachten alle Sterne. Du wirst Sterne haben, die lachen können!"

Er lachte wieder.

„Und wenn du deine Trauer überwunden hast (denn irgendwann findet man immer Trost), wirst du froh sein, mich kennengelernt zu haben. Du wirst für immer mein Freund sein. Du wirst mit mir lachen wollen. Und du wirst manchmal dein Fenster öffnen, einfach so zum Vergnügen ... Und deine Freunde werden überrascht sein, dass du lachst wenn du in den Himmel blickst. Dann wirst du ihnen sagen: ‚Ja, die Sterne bringen mich immer zum Lachen!' Und sie werden dich für verrückt halten. Dann werde ich dir einen

have played a rotten trick on you …

And he laughed again.

— It will be as if I'd given you, instead of stars, lots of little tinkling bells that can laugh …

And he laughed again. Then he grew solemn once more.

— Tonight … you know … don't come.

— I'm shan't leave you.

— It will look as if I'm in pain … It will look a little as if I'm dying. It's like that. Don't come and watch, it's not worth it.

— I shan't leave you.

But he was worried.

— I mean it … also because of the snake. You mustn't get bitten … snakes are nasty creatures. They can bite for the fun of it …

— I shan't leave you.

But something seemed to reassure him:

— It's true they have no poison left for a second bite …

That night I didn't see him set off. He slipped away without a sound. When I managed to catch up with him he was walking along with a firm and rapid step. He just said:

— Oh! It's you …

And he took my hand. But he was still worried:

— You've done the wrong thing. You'll be upset. It will look as though I've died, but it will not be true …

I was silent.

— You must understand. It's too far away. I can't take this body

*schönen Streich gespielt haben."*

*Wieder lachte er.*

*„Es wird sein, als hätte ich dir anstatt von Sternen, einen Haufen kleiner Glöckchen gegeben die lachen können …"*

*Und wieder lachte er. Dann wurde er wieder ernst:*

*„Heute Nacht … weißt du … komm nicht her.*

— *Ich werde dich nicht verlassen.*

— *Ich werde aussehen, als würde ich leiden … ich werde ein bisschen aussehen, als müsste ich sterben. So ist es nun mal. Komm nicht um das zu sehen. Es lohnt sich nicht …*

— *Ich werde dich nicht verlassen."*

*Aber er war besorgt.*

*„Ich sage das … auch wegen der Schlange. Sie darf dich nicht beißen … Schlangen sind bösartig. Sie beißt dich vielleicht nur zum Vergnügen …*

— *Ich werde dich nicht verlassen."*

*Aber ihm kam ein beruhigender Gedanke:*

*„Es stimmt, dass sie kein Gift für einen zweiten Biss übrig haben …"*

*In jener Nacht bemerkte ich nicht, wie er sich auf den Weg machte. Er hatte sich geräuschlos davongestohlen. Als es mir gelang zu ihm aufzuschließen, ging er bestimmt, mit raschem Schritt. Er sagte nur:*

*„Oh! Du bist es …"*

*Und er nahm mich bei der Hand. Aber er sorgte sich noch immer:*

*„Das war ein Fehler. Du wirst leiden. Ich werde aussehen, als wäre ich tot, aber das wird nicht stimmen …"*

*Ich schwieg.*

*„Du musst es verstehen. Es ist zu weit weg. Ich kann diesen Körper nicht*

with me. It's too heavy.

I was silent.

— But it will just be like an old, discarded shell that is left behind. There's nothing sad about old shells …

I was silent.

He was a bit discouraged. But he tried again:

— It will be nice, you know. I will look up at the stars as well. All the stars will be wells with a rusty pulley. All the stars will pour water for me to drink …

I was silent.

— It will be so amusing! You will have five hundred million little tinkling bells, I will have five hundred million fountains …

And he was silent too, because he was weeping.

— Here it is. Let me step forward by myself.

And he sat down because he was afraid.

*mitnehmen. Er ist zu schwer."*

*Ich schwieg.*

*„Aber er wird wie eine alte verlassene Hülle sein. Es ist nichts Trauriges an einer alten Hülle …"*

*Ich schwieg.*

*Ihn verließ ein wenig der Mut. Aber er nahm sich noch einmal zusammen:*

*„Das wird nett, weißt du. Ich werde auch die Sterne betrachten. Alle Sterne werden Brunnen sein, mit einem rostigen Flaschenzug. Alle Sterne werden mir zu trinken einschenken …"*

*Ich schwieg.*

*„Das wird so amüsant! Du wirst fünfhundert Millionen Glöckchen haben und ich werde fünfhundert Millionen Brunnen haben …"*

*Und er sagte auch nichts mehr, denn er weinte.*

*„Hier ist es. Lass mich alleine weitergehen."*

*Und er setzte sich hin, weil er Angst hatte.*

He went on:

— You know … my flower … I'm responsible for her! And she's so delicate. And so naïve. She has four completely useless thorns to protect her against the whole world …

I sat down because I couldn't stand up any longer. He said:

— There … that's it …

He hesitated a little longer, then got to his feet. He took one step. I couldn't move at all.

There was nothing but a flash of yellow near his ankle. He stood motionless for a moment. He made no sound. He fell as gently as a tree falls. It didn't make the slightest sound, because of the sand.

He fell as gently as a tree falls.

*Dann sprach er weiter:*

*„Weißt du … meine Blume … ich bin für sie verantwortlich! Sie ist so zerbrechlich! Sie ist so arglos. Sie hat vier nutzlose Dornen um sich gegen die Welt zu schützen …"*

*Ich setzte mich, weil ich mich nicht länger auf den Beinen halten konnte. Er sagte:*

*„Da … das ist es …"*

*Er zögerte noch ein bisschen, dann stand er auf. Er machte einen Schritt. Ich konnte mich nicht bewegen.*

*Da war nichts, außer einem gelben Blitz an seinem Knöchel. Er verharrte einen Augenblick regungslos. Er gab kein Geräusch von sich. Er fiel sanft, so wie ein Baum fällt. Es machte nicht mal ein Geräusch, wegen des Sandes.*

*Er fiel sanft, so wie ein Baum fällt.*

99

# XXVII

And by now, sure, six years have already passed … I have never yet told this story. When my friends saw me again they were well content to find I was still alive. I was sad, but I told them "It's the exhaustion."

Now I feel less grief. At least … not exactly. But I am quite sure that he has gone back to his planet because, when morning came, I didn't find his body again. It was not such a heavy body … and I love to listen to the stars at night. It's like five hundred million little bells tinkling …

But then something unusual has happened. When I drew the muzzle for the little prince, I forgot to add its little leather strap! He will never be able to fasten it to the sheep. So I keep wondering "What has happened on his planet? It may well be that the sheep has eaten the flower …"

Sometimes I say to myself: "Surely not! The little prince puts his flower under a glass cloche every night, and keeps a close eye on his sheep …" And then I'm happy. And the laughter from all the stars sounds sweet.

But at other times I think: "You can always be forgetful, sometime or other, and that's all it takes. He forgot the glass cloche one evening, or maybe the sheep got out in the night without making a sound …" And then the little tinkling bells all change into tears …

*Und nun ist es schon sechs Jahre her … Ich habe diese Geschichte bis jetzt noch nie erzählt. Die Gefährten die mich wiedersahen, waren sehr froh mich lebend wiederzusehen. Ich war traurig, aber ich sagte ihnen: „Das ist die Erschöpfung."*

*Mittlerweile habe ich etwas Trost gefunden. Das heißt … nicht ganz. Aber ich weiß, dass er zu seinem Planeten zurückgekehrt ist, denn im Morgengrauen fand ich seinen Körper nicht wieder. Es war kein allzu schwerer Körper … Und ich liebe es bei Nacht den Sternen zu lauschen. Sie sind wie fünfhundert Millionen Glöckchen …*

*Aber dann passierte etwas Ungewöhnliches. Als ich den Maulkorb für den kleinen Prinzen gezeichnet habe, habe ich vergessen den Lederriemen hinzuzufügen! Er wird niemals in der Lage gewesen sein, ihn seinem Schaf anzulegen. Also frage ich mich immer wieder: „Was passiert auf seinem Planeten? Gut möglich, dass das Schaf die Blume gefressen hat …"*

*Manchmal sage ich mir: „Sicher nicht! Der kleine Prinz schließt seine Blume jede Nacht unter seiner Glasglocke ein und er achtet gut auf sein Schaf …" Und dann bin ich zufrieden. Und das Lachen all der Sterne klingt süß.*

*Andere Male denke ich mir aber: „Hin und wieder sind wir vergesslich und das genügt! Vielleicht hat er an einem Abend die Glasglocke vergessen, oder das Schaf ist während der Nacht geräuschlos entkommen …" Und dann verwandeln sich die Glöckchen in Tränen …*

Here lies a very great mystery. For you who also love the little prince, and for me as well, nothing in the universe can be the same if somewhere, we don't know where, a sheep that we don't know has eaten a rose ... yes or no?

Look up at the sky. Ask yourself: "Has the sheep eaten the flower, yes or no?" And you will see how nothing is the same ...

And no grown-up will ever understand how important this is!

*Das ist ein sehr großes Mysterium. Für euch, die ihr den kleinen Prinzen auch liebt, sowie für mich, kann nichts im Universum gleich sein, wenn irgendwo, man weiß nicht wo, ein Schaf, das wir nicht kennen, möglicherweise eine Rose gefressen hat ...*

*Schaut in den Himmel. Fragt euch: „Hat das Schaf die Blume nun gefressen oder nicht?" Und ihr werdet sehen, wie sich alles verändert ...*

*Und keiner von den großen Leuten wird jemals verstehen, wie wichtig es ist!*

*This, for me, is the loveliest and the saddest landscape in the world. It's the same landscape as the one on the page before, but I've drawn it once more so you can see it properly. It's here that the little prince appeared on the Earth, and then disappeared.*

*Look at this landscape carefully so that you can be sure to recognise it if, one day, you travel to the African desert. And if you happen to pass that way, please don't hurry on, but wait for a little while right under the star! Then, if a child comes up to you, if he is laughing, if he has golden hair, if he doesn't answer when you question him, you'll easily guess who he is. So do me a favour! Don't leave me feeling so sad: write to me soon to let me know he is back ...*

Das ist für mich, die schönste und die traurigste Landschaft der Welt. Es ist die Gleiche wie die auf der vorherigen Seite, aber ich habe sie noch einmal gezeichnet, um sie euch ganz genau zu zeigen. Hier ist der Ort, an welchem der kleine Prinz auf der Erde erschien und auch wieder verschwand.

Schaut euch diese Landschaft aufmerksam an, um sicher sein zu können, dass ihr sie wiedererkennt, wenn ihr eines Tages durch die Wüste in Afrika reist. Und solltet ihr dort vorbeikommen, dann seid nicht in Eile, verweilt einfach ein wenig unter dem Stern! Und wenn dann ein Kind zu euch kommt, wenn es lacht, wenn es goldene Haare hat und wenn es keine Antworten auf eure Fragen gibt, dann werdet ihr schon wissen, wer das ist. Dann tut mir einen Gefallen! Lasst mich nicht weiter traurig sein: schreibt mir schnell, damit ich weiß, dass er wiedergekommen ist ...

*Antoine Marie Roger de Saint-Exupéry*

# Postscript – Nachwort

## The Colour of Corn – Die Farbe des Weizens

It is truly an honour for me to be able to write this postscript, as it has been to prepare these new editions of 'The Little Prince', particularly in these bilingual editions. I hope they may facilitate the reading of the author's original text, in his own words, even for those who don't speak French well, so that they can appreciate all of its extraordinary evocative force.

However I had no wish to write a postscript that was too serious and boring because I think, actually, the Little Prince wouldn't like that. So before starting to write I went for a little walk around my planet, in the world of grown-ups and children, and in the one of my daydreams and memories. And I came back with a very short story, or perhaps more an anecdote, that I could tell you about my little asteroid-star, in case, one day, the Little Prince might come to visit me.

A short little story that I will try to tell you, readers, as well, instead of the boring postscript that I ought to write, and which I am sure that not even grown-ups would ever read …

Today, as usual, since I now have to play my part in the grown-up world almost all the time, I should have

*Für mich ist es eine große Ehre dieses Schlusswort schreiben zu dürfen, genauso wie auch die neuen Editionen des Kleinen Prinzen herausgeben zu dürfen, ganz besonders die zweisprachigen von denen ich mir es wünsche, dass sie das Lesen des Originaltextes erleichtern, auch für diejenigen, die die französische Sprache nicht beherrschen, um einfach die außergewöhnlich wachrüttelnde Ausdruckskraft des Autors schätzen zu lernen.*

*Ich wollte allerdings kein ernstes und langweiliges Schlusswort schreiben, da dies dem Kleinen Prinzen sicherlich auch nicht gefallen hätte. Deshalb habe ich, bevor ich angefangen habe es zu schreiben, mich auf eine kleine Reise zu meinem kleinen Planeten, zur Welt der Menschen und der Kinder und meiner Fantasie und Erinnerungen begeben. Und so bin ich wieder zurückgekehrt, zusammen mit einer kleinen Geschichte, oder besser gesagt Anekdote, die von meinem kleinen Stern-Asteroiden erzählt, falls der Kleine Prinz mich eines Tages dort besuchen kommen sollte.*

*Ein kurzes Geschichtchen, das ich gerne euch Lesenden erzählen würde, anstatt dem langweiligen Schlusswort, dass ich schreiben sollte, welches sogar die Erwachsenen bestimmt nicht lesen würden …*

*Heute, wie gewöhnlich, und dass schon seit geraumer Zeit, in der ich Vollzeit zur Welt der Erwachsenen gehöre, hätte ich meine*

carried my usual hundred and one tasks, paying attention to the vortex of time and the life that swirls around me.

And instead, I switched off the alarm clock and went back to sleep.

I got up late; and had breakfast looking at the sun.

Then I went out and visited the hairdresser. I had my hair cut very, very short, so I would be better able to feel the caresses of the breeze that comes with the springtime and to hear the stories it tells as it sweeps through the streets and the sky.

Finally I made for the woods, but not to look for mushrooms or even just to go for a walk, but to sow cherry trees.

I did it to remind me of a loved one who used to tell me fairy tales when I was a little boy, and who, above all others, set me on the literary path: my grandmother.

When I was a little boy, walking in the chestnut woods with her, I often happened to see cherry trees, so I asked her, whoever would have planted these cherry trees in the middle of the woods, among the wild plants. The first few times I asked, my grandmother replied that they had been planted by the wind or the birds. But seeing as I kept on asking her again and again, it was clear that I wasn't at all satisfied with her answer, so she decided to make up a story …

My grandmother loved telling stories, almost as much as reciting the poems she had learnt by heart.

The story she made up was really a sequel to Antoine de Saint'Exupery's 'The Little Prince', which we had by

*alltäglichen hundertundein Sachen erledigen müssen und auf den Wirbel der Zeit und auf das Leben um mich herum achten müssen.*

*Stattdessen habe ich aber den Wecker ausgeschaltet und weitergeschlafen.*

*Ich bin spät aufgewacht und habe mit Blick auf die Sonne gefrühstückt.*

*Danach habe ich mich zum Friseur begeben um mir meine Haare ganz kurz schneiden zu lassen, damit ich die Liebkosungen des Windes, die mit dem Frühling kommen, und seine Geschichten besser fühlen kann, während er durch die Straßen und den Himmel fegt.*

*Letztendlich bin ich dann in den Wald gegangen, nicht um Pilze zu sammeln oder um spazieren zu gehen, sondern um Kirschbäume zu säen.*

*Ich habe das getan, um an eine mir sehr wichtige Person zu gedenken, die mir Fabeln erzählte, als ich noch klein war, und die mich noch vor allen anderen auf den Pfaden der Worte leitete: meine Oma.*

*Als ich noch ein Kind war, gingen wir mit ihr oft in die Kastanienwälder und wann immer ich Kirschbäume sah, fragte ich sie, wer denn diese in mitten des Waldes zwischen all den wilden Pflanzen gesät hatte. Die ersten Male antwortete mir meine Oma, indem sie sagte, dass der Wind oder die Vögel die Kirschbäume gesät hatten, aber als sie merkte, dass diese Antwort mir nicht genug war und ich immer wieder fragte, entschied sie sich eine Geschichte zu erfinden ...*

*Meiner Oma gefiel es sehr Geschichten zu erzählen, fast genauso sehr wie Gedichte auswendig aufzusagen.*

*Die Geschichte die sie erfand, war wie eine mögliche Fortsetzung des Kleinen Prinzen von Antoine de Saint-Exupery, die wir gemeinsam*

then read together several times. It was about a hypothetical return to Earth of the Little Prince, so he could meet his friend the fox again.

*schon mehrere Male gelesen hatten; und sie erzählte von der vermeintlichen Rückkehr des Kleinen Prinzen auf die Erde um seinem Fuchs wieder zu begegnen.*

That fox who had allowed himself to be tamed, after telling him how to do it; that fox whom he would remember after he left him and who, every so often, would have felt nostalgia for the moments they had spent together, whenever he happened to see the colour of corn.

That fox who had wanted to belong to him, as the rose belonged to him, so he could love him and recognise him even among a thousand others.

Her story told of what happened to the Little Prince who had come back to Earth and wandered all over the planet searching for his fox. In order to leave a

*Dieser Fuchs hatte sich von ihm zähmen lassen, indem er ihm erklärt hatte, wie es getan werden muss; dieser Fuchs erinnerte sich seit seiner Abreise mit Sehnsucht an ihn und an die Zeiten die sie gemeinsam verbracht hatten, wann immer er die Farbe von Weizen sah.*

*Dieser Fuchs, der zu ihm gehören wollte, genauso wie die Rose, denn er alleine hätte den Fuchs lieben und von tausend anderen unterscheiden können.*

*Ihre Geschichte handelte vom kleinen Prinzen, welcher zurück auf die Erde gekommen war und überall umhergewandert war, um seinen Fuchs zu suchen. Um zu*

sign understandable to the fox that he had passed by, he decided to sow something along the way that would remind to the fox of his rose, in the places where the fox might be looking at the colour of the corn and thinking of him.

*zeigen, dass er an einem Ort gewesen war, entschied er ein paar Samen entlang des Weges zu pflanzen. Diese würden den Fuchs an die Rose erinnern, dort wo der Fuchs den Weizen anschauen könnte, und an ihn denken könnte.*

That was how he came to think of sowing red poppies in the cornfields.

However he ended up searching for the fox in the mountains, covered with forests of chestnuts, where no corn could grow. But how similar to corn were the chestnut trees, because of the opportunity they offered for harvesting flour but above all for the colour of their autumn leaves. So there, instead of poppies, to remind the fox of his red rose in the middle of the colour of golden corn, in the middle of these fields of trees, he decided to sow the seeds of trees with red fruit, the cherries.

So that's why you can find them in the woods. The very same trees that I used to ask my grandmother about who had planted them ... just as you can find poppies in the cornfields.

'The little prince came this way', she said.

*So kam er auf die Idee, rote Mohnblumen in Weizenfeldern zu säen.*

*Wie auch immer, am Ende suchte er in den Bergen nach dem Fuchs, wo alles von Wäldern und Kastanien bedeckt war und kein Korn wachsen konnte. Aber wie sehr sich doch Kastanienbäume und Weizen ähnelten, den aus beiden konnte man Mehl gewinnen und ihre Blätter nahmen im Herbst dieselbe Farbe an. Anstelle der Mohnblumen also, um den Fuchs an die roten Rosen in mitten der goldenen Weizenfelder zu erinnern, entschied er sich in den aus Bäumen bestehenden Feldern Bäume mit roten Früchten zu säen: die Kirschen.*

*Deshalb kannst du sie also in den Wäldern finden. Genau die gleichen Bäume, nach denen ich immer meine Oma gefragt hatte und wissen wollte, wer sie gepflanzt hatte ... genauso wie du Mohnblumen in Weizenfeldern findest.*

*„Der kleine Prinz kam auf diesem Wege", sagte sie mir.*

And that is why today, when I wanted to think about what to write in the postscript for this edition of the 'Little Prince'; to remember my grandmother and the stories she used to tell me; to revisit her among the stories and memories, and in the very world of grown-ups and children where the Little Prince is still looking for his fox ... I went for a walk in the woods and sowed cherry trees along the way.

*Also bin ich heute, um darüber nachzudenken was ich als Schlusswort dieser Edition des Kleinen Prinzen schreiben sollte und um mich an meine Oma und die Geschichten die sie mir erzählte zu erinnern, und auch um ihr in meiner Fantasie und in meinen Erinnerungen zu begegnen, in dieser Welt der Erwachsenen und der Kinder wo der Kleine Prinz noch immer seinen Fuchs sucht ... bin ich in den Kastanienwäldern spazieren gegangen und habe auf meinen Wegen Kirschbäume gesät.*

*Wirton Arvel*

**Brief technical note about the translation:** In English as well as in German and in the original French, the term "flower" is feminine and referring to it in reality the author could refer to his beloved. While the term "fox" is masculine and referring to it in reality the author could refer to his best friend.

*Anmerkung zur Übersetzung: Im englischen und deuschen, genau wie im französischen Original, ist das Wort „Blume" weiblich und der Autor kann sich damit tatsächlich auf seine Geliebte beziehen. Gleichwohl ist das Wort „Fuchs" männlich und der Autor kann sich damit auf seinen besten Freund beziehen.*

# Thank you

# Danke

Dear reader, thank you for reading this book/eBook.

If you have met with any problems, misprints or anything else you would like to tell me about, please send an email directly to Kentauron Publishers (kentauron@kentauron.com). You'll receive an updated copy in eBook format.

If you enjoyed it, you can leave a review at the store where you purchased it. Apart from being much appreciated it will be an incentive for new publications.

Happy reading!

*Lieber Leser, vielen Dank, dass Sie dieses Buch/ eBook gelesen haben.*

*Sollten Sie Fehler, Probleme oder sonstiges entdeckt haben, bitten wir Sie um eine E-Mail an Kentauron Publishers (kentauron@kentauron.com). Sie werden eine neue Version als eBook bekommen.*

*Wenn es Ihnen gefallen hat, können Sie im Store eine Bewertung abgeben. Für uns ist dies auch eine gute Rückmeldung für neue Veröffentlichungen.*

*Viel Lesefreude!*

# News and book promotions

# Neuigkeiten und Buchwerbung

To keep you informed about latest upcoming publications and promotions (free eBooks included), join our mailing lists of readers and friends:

http://smarturl.it/eBooksNews

or follow us on Twitter (@KentauronS) and Facebook (www.facebook.com/Kentauron)

*Um über die neuesten Veröffentlichungen und Angebote (inklusive kostenloser eBooks) auf dem Laufenden zu bleiben, melden Sie sich bitte hier, für unsere Mailingliste von Lesern und Freunden, an:*

http://smarturl.it/eBooksNews

*oder folgen Sie uns auf Twitter (@KentauronS) und Facebook (www.facebook.com/Kentauron)*

# More from Kentauron

# Mehr von Kentauron

### Short Stories

### Kurzgeschichten

- Jack's Wagers (Le scommesse di Jack) (Wirton Arvel)
- Time House (La casa del tempo) (Wirton Arvel)

### Prose Poems & Poetic Stories

### Prosagedichte & Poetische Geschichten

- Wandering among the stars (Vagabondando fra le stelle) (Wirton Arvel)

### Novels

### Romane

- La clessidra vuota (Brunella Pernigotti)

### Fairy Tales

### Märchen

- Facciamo finta che... (Brunella Pernigotti)

### Bilingual Parallel Text Editions (English – Italian and other Languages)

### Zweisprachige Paralleltextausgaben (Englisch — Italienisch und andere Sprachen)

- The Wonderful Wizard of Oz - Il Meraviglioso Mago di Oz (L. Frank Baum)
- Alice's Adventures in Wonderland - Le Avventure di Alice nel Paese delle Meraviglie (Lewis Carroll)
- A Christmas Carol - Cantico di Natale (Charles Dickens)
- The Rime of the Ancient Mariner - La Ballata del Vecchio Marinaio (Samuel Taylor Coleridge)

- 101 poems to read in London & New York... - 101 poesie da leggere a Londra e New York...: (Best English Poetry Collection from Shakespeare to early 20th century)
- The Subjection of Women - La servitù delle donne (John Stuart Mill)
- Carmina - Poesie (Gaio Valerio Catullo)
- Cinderella - Cenerentola (Charles Perrault)
- Three Men in a Boat - Tre uomini in barca (Jerome K. Jerome)
- Le Petit Prince – Il Piccolo Principe (Antoine de Saint-Exupéry)
- Jack's Wagers - Le scommesse di Jack (Wirton Arvel)

**Poetry Collections**   *Gedichtsammlungen*

- Aedi, Bardi e Poeti - Cantori, Trovatori e Vati (Antologia della Poesia: XII-XIV secolo ([con poesie Occitane e Italiane])
- 101 Poems to Read in London & New York.. or Easily from Home... (Antologia della poesia inglese, da Shakespeare ai primi del '900)

**For an updated list of works and to find out more details of all books published by Kentauron, please visit main online stores (Amazon Store smarturl.it/Kentauron)**

*Für eine aktuelle Liste unserer Veröffentlichungen und mehr Informationen zu allen bei Kentauron veröffentlichten Büchern, besuchen Sie bitte unseren Onlineshop (Amazon-Shop smarturl.it/Kentauron)*

http://smarturl.it/Kentauron

21969263R00070

Printed in Poland
by Amazon Fulfillment
Poland Sp. z o.o., Wrocław